ABRÉGÉ D'HISTOIRE

DE LA

MARINE FRANÇAISE

Enseigne de Vaisseau J. VIGY

ABRÉGÉ D'HISTOIRE

DE LA

MARINE

Française

A L'USAGE

DES ÉCOLES PRIMAIRES

ET DES

MARINS DES ÉQUIPAGES DE LA FLOTTE

HONORÉ D'UN PRIX

de la ligue maritime française

PARIS

GARNIER FRÈRES, LIBRAIRES-ÉDITEURS

6, RUE DES SAINTS-PÈRES, 6

ABRÉGÉ D'HISTOIRE

DE LA

MARINE FRANÇAISE

CHAPITRE PREMIER

CRÉATION DE LA MARINE FRANÇAISE

RICHELIEU, COLBERT.

1. — LA MARINE AVANT COLBERT. — Avant le roi François Ier, qui régna de 1515 à 1547, la France n'avait pas de marine militaire permanente. On se contentait, quand on voulait faire la guerre sur mer, d'armer quelques navires de commerce, ou de louer des bateaux à l'étranger. C'est avec des flottes de ce genre que se distinguèrent *Jean de Vienne, Prégent de Bidoulx, Hervé de* **Primauguet**.

François Ier fonda le port du *Havre*, et organisa une flotte permanente pour les côtes de la Manche et de l'Océan.

Un peu plus tard, **Henri IV**, roi de France de

1

1589 à 1610, fit commencer les premiers travaux du port de *Toulon*.

Sous son successeur, *Louis XIII*, qui régna de 1610 à 1643, le grand ministre **Richelieu** s'efforça de créer une vraie marine de guerre et des arsenaux. Il continua Toulon et commença *Brest*. Il organisa des chantiers de construction, des magasins, une école de canonnage, un corps d'infanterie chargé de fournir un détachement à bord de chaque vaisseau (1); il fonda aussi des écoles pour la marine marchande.

Richelieu.

Tous ces efforts ne furent pas perdus, et nos escadres, sous les ordres de **Sourdis** (2) et du marquis de *Brézé*, se distinguèrent à plusieurs reprises contre les Anglais et les Espagnols.

Mais le successeur de Richelieu, le cardinal *Mazarin*, ne s'intéressa pas à la marine, qui tomba

---

(1) Le système d'embarquer des soldats à bord des navires, pour y remplir les fonctions de nos matelots fusiliers, est toujours en pratique dans la marine allemande et dans la marine anglaise.

(2) Archevêque de Bordeaux, que Richelieu employa avec succès comme amiral.

en décadence ; les résultats obtenus sous Louis XIII furent donc peu durables et c'est avec **Colbert** que commence réellement l'histoire de notre marine militaire.

**2. — Colbert. — Né à Reims en 1619, d'une famille de commerçants, Colbert était arrivé à force de travail au rang de premier ministre du roi *Louis XIV*. En 1663, il remplissait, auprès de ce prince, qui n'avait encore que vingt-cinq ans, les fonctions de quatre de nos ministres d'aujourd'hui.

Aidé par le grand

Colbert.

ingénieur militaire **Vauban**, il termina les arsenaux de Brest et de Toulon, construisit l'arsenal de *Rochefort* et le port de *Dunkerque*.

Avant lui, la France était obligée, pour avoir des navires de guerre, de conclure marché avec des charpentiers civils, ou d'en acheter au commerce ou à l'étranger. Colbert organisa le service des constructions navales et mit à sa tête *Renau d'Eliçagaray*, plus connu sous le nom de *Petit-Renau*.

A cette époque, il y avait beaucoup moins de types de navires qu'aujourd'hui. On avait des *vaisseaux à deux ponts* portant en batterie de quarante à soixante canons ; des *frégates* portant une trentaine de canons, et des *brûlots*, petits navires remplis de matières inflammables, et qu'on allait accrocher aux flancs des vaisseaux ennemis ; l'équipage mettait le feu au chargement, et s'éloignait dans les embarcations.

Galère.

Il y avait aussi les *galères*, longs bâtiments à deux ou trois rangs de rames, armés d'artillerie légère et d'un éperon, et réservées à la Méditerranée.

Petit-Renau fit faire de grands progrès à la construction des navires de guerre, et fit construire un vaisseau de soixante-dix canons dont la longueur, considérable pour l'époque, atteignait soixante-cinq mètres. Il inventa aussi la *galiote à bombe*, solide petit brick à fond plat, armé de mortiers pour le bombardement des villes. Plus tard, on eut des *vaisseaux à trois ponts* ayant jusqu'à cent vingt canons.

Le Soleil-Royal.

Colbert eut aussi la gloire de créer *l'Inscription maritime, la Caisse des gens de mer*, et *l'Institution des invalides de la marine*. Il organisa des secours et des pensions pour les familles des marins morts au service, et tout ce qu'il institua existe encore aujourd'hui.

LECTURE I

L'Inscription maritime.

L'Inscription maritime, créée par Colbert sous le nom de *système des classes*, fonctionne aujourd'hui de la façon suivante. Pour être *inscrit maritime*, il faut être âgé de dix-huit ans, et avoir accompli dix-huit mois de navigation, dans l'évaluation desquels le temps passé au long cours ou à la grande pêche est compté double.

L'inscrit est à la disposition de l'État de dix-huit à cinquante ans. A l'âge de vingt ans, il est atteint par la *levée permanente* et requis pour le service de la marine militaire. Le service est partagé en deux périodes : la première de cinq ans, la seconde de deux ans.

Dans la première période, le marin reste effectivement sous les drapeaux pendant le temps fixé par le ministre, trois ans au moins. Puis il est envoyé en *congé illimité*. A la fin de cette période de cinq ans, il est maintenu pendant deux ans à la disposition du ministre (*disponibilité*) après quoi il n'est plus rappelé qu'en cas d'armement extraordinaire, et suivant la *catégorie* à laquelle il appartient : les hommes âgés de moins de trente ans constituent la catégorie E ; ceux de trente à trente-cinq ans, la catégorie F ; ceux de trente-cinq à quarante ans la catégorie G. La levée des hommes âgés de plus de quarante ans ferait, au besoin, l'objet de mesures spéciales. Le quartier-maître ou marin, qui désire rester au service, peut demander, au moment où il est envoyé en congé illimité, à parfaire la période de présence de cinq ans. Il peut ensuite rester au service par *réadmissions* successives de trois en trois ans.

Quant aux *officiers mariniers* (seconds-maîtres, maîtres et premiers-maîtres), ils constituent le *cadre de maistrance*, restent sous les drapeaux sans réadmission, et ont droit à la retraite après vingt-cinq ans de service.

CHAPITRE II

LOUIS XIV (1643-1715)

DUQUESNE, D'ESTRÉES, TOURVILLE, CHATEAURENAULT.

3. — GUERRE DE HOLLANDE (1672-1678). — C'est contre la Hollande que notre marine nouvelle fit ses premières armes. L'Angleterre et la Hollande étaient alors les premières nations maritimes de l'Europe. Les Hollandais ayant insulté le roi Louis XIV, celui-ci leur déclara la guerre. La Hollande s'allia avec l'Espagne, qui avait aussi une belle flotte et de nombreuses colonies.

Quelques opérations peu importantes eurent lieu dans la Manche, mais c'est surtout dans la Méditerranée que la guerre se soutint. Les Espagnols possédaient alors en Sicile la ville de *Messine*, qui se révolta en appelant les Français à son aide. **Duquesne** (1) y fut envoyé, et battit les escadres hollandaises et espagnoles à *Stromboli*, à *Agosta* et à *Palerme* (carte C). Le célèbre amiral hollandais *Ruyter*, qui commandait en chef, fut tué à Agosta.

----

(1) Abraham Duquesne, né à Dieppe en 1610, déjà célèbre au moment de la guerre de Hollande, avait puissamment aidé Colbert dans tous ses travaux.

Pendant ce temps, le vice-amiral **d'Estrées** attaquait les colonies hollandaises et espagnoles des Antilles avec l'aide des *flibustiers*. On appelait ainsi des chercheurs d'aventures, établis dans nos îles des Antilles, et faisant la guerre pour leur propre compte.

Tour à tour soldats et marins, ils attaquaient les vaisseaux de ligne avec leurs petits voiliers ; ils débarquaient dans les colonies de nos ennemis, repoussaient les garnisons, pillaient les villes, et rentraient riches de gloire et de butin. Les exploits de ces étranges guerriers étaient

Duquesne.

incroyables de hardiesse. Après deux campagnes fructueuses, d'Estrées fit malheureusement naufrage avec toute son escadre ; mais il avait **rendu** de si brillants services, qu'il fut tout de même élevé à la dignité de Maréchal de France.

Les opérations de nos armées de terre n'avaient pas été moins brillantes que celles de la marine. A leur tête le maréchal de **Turenne**, qui fut tué

1.

au champ d'honneur, et le prince de **Condé**, s'étaient couverts d'une gloire égale à celle de Duquesne. Nos ennemis, battus partout, demandèrent la paix. Elle fut signée à *Nimègue*, en Hollande, et termina glorieusement cette guerre où la marine française avait affirmé sa puissance aux yeux de l'Europe.

4. — CHÂTIMENT DES PIRATES BARBARESQUES (carte C). — La Méditerranée était depuis longtemps infestée par les pirates des *pays Barbaresques* (aujourd'hui appelés *Algérie* et *Tunisie*). Avec leurs petits navires nombreux et rapides, ils atta-

Ruyter.

quaient les bâtiments isolés de toutes les nations, pillaient les cargaisons, et emmenaient en esclavage officiers et marins. Un de leurs chefs, le *dey d'Alger*, ayant capturé un navire de commerce de Saint-Malo, envoya le capitaine, *Porçon de la Barbinais*, faire au roi de France, de sa part, des propositions de paix que Louis XIV ne pouvait accepter. L'héroïque marin avait juré de revenir à Alger, quelle que fût l'issue de sa mission, et prévenu qu'en cas d'insuccès, c'était la mort qui l'attendait, sans songer un instant à manquer à sa promesse, il va à Saint-Malo, embrasse une dernière fois ses enfants, et retourne à Alger, où le dey lui fait trancher la tête.

Louis XIV ne supporta pas une pareille injure. Peu de temps après, Duquesne et **Tourville** (1) étaient devant Alger. Pendant plus d'un mois ils bombardèrent la ville. Les Barbaresques furieux ripostaient en attachant leurs prisonniers à la bouche de leurs canons. Enfin les ravages produits par nos

Tourville

galiotes furent tels, que le dey d'Alger se décida à implorer la paix. Il promit de respecter à l'avenir les bâtiments du roi de France, et mit en liberté tous ses prisonniers français.

L'illustre Duquesne mourut en 1688, sans avoir eu l'occasion de reprendre la mer.

(1) Anne Hilarion de Tourville, né en 1642 dans le Cotentin, entra très jeune dans la marine, et se signala dès ses débuts par une bravoure incroyable qui contrastait avec son visage presque enfantin.

5. — GUERRE DE LA LIGUE D'AUGSBOURG (1689-1697). — Cette guerre eut pour cause principale le mécontentement de l'Europe devant la politique orgueilleuse de Louis XIV. De plus, le roi d'Angleterre Jacques II avait été détrôné par son peuple, et était venu demander des secours au roi de France pour reconquérir son royaume. Une alliance se forma contre la France à *Augsbourg* (Allemagne) entre l'Allemagne, la Hollande, l'Angleterre et l'Espagne. On l'appela la *ligue d'Augsbourg* (1). Louis XIV, seul en face de l'Europe, résolut d'agir avec vigueur.

Il donna à Jacques II une petite armée à la tête de laquelle ce prince partit pour l'Irlande, où une partie du peuple lui était restée fidèle. Le lieutenant-général **de Châteaurenault** le transporta à la baie de *Bantry* (carte D), où il battit l'amiral anglais Herbert qui était venu troubler le débarquement (1689). L'année suivante, Tourville, secondé par **Coëtlogon**, Châteaurenault et *d'Amfreville*, remporta sur l'armée navale anglo-hollandaise une grande victoire auprès du cap *Béveziers* (carte D). Malheureusement Jacques II, battu en Irlande par les troupes anglaises, dut de nouveau chercher un refuge en France (1690).

_____

(1) On appelle *ligue* l'union de plusieurs personnes ou de plusieurs nations dans un but déterminé. Quand il s'agit, comme c'est le cas ici, de plusieurs nations en guerre contre une seule, on emploie plutôt le mot *coalition*, que nous retrouverons souvent par la suite.

Louis XIV voulut faire pour lui un grand effort. Il ordonna à Tourville d aller prendre à *la Hougue* un corps de débarquement de trente mille hommes destiné à l'Irlande. Tourville quitta Brest au commencement de l'année 1692, avec quarante-quatre vaisseaux, et rencontra à la hauteur de Barfleur les quatre-vingt-dix-neuf vaisseaux de l'amiral anglais Russell. Tourville, qui avait reçu l'ordre de « *combattre l'ennemi fort ou faible, et quoi qu'il en pût résulter* », l'attaqua vigoureusement et le tint en échec pendant toute la journée. Mais on ne pouvait songer à recommencer le lendemain une lutte aussi inégale, et comme la digue de Cherbourg n'existait pas à cette époque, il fallait, pour trouver un refuge, atteindre Saint-Malo. Vingt-deux de nos vaisseaux y parvinrent, mais quinze autres, trop avariés, furent rejoints par les Anglais, et coulés ou brûlés après une résistance héroïque. Telle fut la bataille de la Hougue, dont la première journée fut une superbe victoire. Quand Tourville alla rendre compte au roi de ces tristes événements, Louis XIV lui dit :

Louis XIV.

« *Je suis content, Monsieur; nous avons perdu des vaisseaux, mais vous avez acquis pour notre marine une gloire immortelle.* » Et il le fit maréchal de France.

L'amiral Russell, qui commandait la flotte anglaise, écrivit à son illustre adversaire pour lui adresser le témoignage de son admiration (1).

L'année suivante, Tourville prit sa revanche en dispersant, devant *Lagos* (Espagne), un convoi anglais escorté par soixante-dix navires de guerre. La marine française était donc loin d'être anéantie après la Hougue, comme on l'a souvent prétendu.

Pendant les trois années qui suivirent (1694-1697) les Anglais attaquèrent nos côtes, mais furent repoussés à peu près partout (Dunkerque, Calais, Camaret, Saint-Malo). Ils bombardèrent Granville et incendièrent Dieppe.

Sur terre, les opérations des armées conduites par **Catinat**, *Luxembourg et Vendôme*, furent extrêmement brillantes. Les grandes batailles de *Fleurus*, de *Staffarde*, de *Steinkerque*, de *Nerwinde*, de *la Marsaille*, furent toutes des victoires pour nous. L'Europe demanda la paix, qui fut signée à *Ryswick* (Hollande) en 1697.

6. — Guerre de la succession d'Espagne (1702-1713). — Le roi Charles II d'Espagne n'avait pas d'enfants, et ses plus proches parents

_____

(1) Les Anglais appellent la bataille de la Hougue : bataille de *Barfleur*. Un de leurs cuirassés porte ce nom.

se trouvaient être ses deux beaux-frères, le roi de France Louis XIV, et l'empereur d'Allemagne. En mourant, il laissa son royaume au petit-fils de Louis XIV, le duc d'Anjou, qui en prit possession sous le nom de Philippe V. L'empereur, mécontent, se ligua avec l'Angleterre et la Hollande, en déclarant la guerre à la France et à l'Espagne (1).

Notre marine ne fut pas heureuse dans cette guerre ; Tourville venait de mourir ; la marine de nos alliés était en décadence, tandis que la marine anglaise faisait des progrès continuels. D'ailleurs nos finances grevées par les guerres précédentes ne nous permettaient plus de grands armements. Châteaurenault, acculé avec dix-huit vaisseaux et un convoi dans la baie de *Vigo* (Espagne), par les vingt-cinq vaisseaux de l'amiral Rooke, fut écrasé, malgré des prodiges de valeur. Quinze de nos bâtiments furent coulés ou brûlés, mais l'amiral avait fait tout son devoir : le roi le fit maréchal de France peu de temps après (1702).

Deux ans plus tard, l'amiral Rooke s'empara de *Gibraltar*. L'escadre de cinquante vaisseaux commandée par le comte de Toulouse et par le

---

(1) Ces guerres de succession étaient fréquentes autrefois. Les familles royales concluant toujours des mariages entre elles, il arrivait que quand un souverain mourait sans enfant, plusieurs princes alliés à sa famille avaient des droits à peu près égaux sur sa succession, et la guerre était le seul moyen de trancher la question.

vice-amiral d'Estrées (1) arriva trop tard pour l'en empêcher, et ne put que livrer la bataille indécise de *Velez-Malaga* (carte C). La formidable place de Gibraltar, qui commande l'entrée de la Méditerranée, est toujours restée depuis au pouvoir des Anglais.

En même temps, malgré les efforts de nos armées de terre conduites par Vendôme et **Villars**, nous étions battus partout (*Ramillies*, 1706; *Malplaquet*, 1709). La France était épuisée par ce long règne de guerres glorieuses mais meurtrières. Son roi, accablé par l'âge et les chagrins, avait deux fois demandé la paix. Les conditions qu'on lui proposait étaient si dures, qu'il préféra lutter encore : l'honneur du pays l'exigeait. Il confia au vieux maréchal de Villars sa dernière armée, sur laquelle reposait le suprême espoir de la patrie (1712). Cette sublime résistance fut couronnée de succès : l'illustre maréchal sauva la France par la brillante victoire de *Denain*.

La paix fut signée à *Utrecht* (Hollande). Philippe V restait roi d'Espagne, mais la France perdait plusieurs de ses colonies, et s'engageait à combler le port de Dunkerque, dont les marins étaient l'effroi de l'Angleterre.

7. — La GUERRE DE COURSE SOUS LOUIS XIV; *Jean Bart, Forbin, Duguay-Trouin, Cassard.* —

_____

(1) Le fils du maréchal Jean d'Estrées, dont il a été question plus haut.

On appelle *guerre de course* la guerre faite au commerce ennemi par des bâtiments légers agissant soit isolés, soit par petits groupes. A cette époque la guerre de course était faite soit au moyen de bâtiments de la marine royale détachés des

Jean Bart.

escadres, soit par les *corsaires*, marins du commerce qui obtenaient du roi la permission d'armer leurs navires dans ce but.

Parmi ces corsaires, le plus célèbre, sous Louis XIV, fut **Jean Bart**, né à Dunkerque en 1650. Quand éclata la guerre de Hollande, en 1672,

il était lieutenant de vaisseau dans la marine hollandaise. Il abandonna aussitôt sa situation et se
mit à faire la course pour le service de la France.
En 1674, ses armateurs lui donnent le commandement de la frégate le *Roi David*. Au bout de
huit jours, Jean Bart avait capturé cinq navires
de commerce (1). En 1675, il offre à sa fiancée,
comme cadeau de noces, une frégate de guerre
prise à l'abordage. Pendant les trois années qui
suivirent, il fit une cinquantaine de prises, s'atta-
quant toujours avec succès à des bâtiments plus
forts et plus nombreux que les siens. Émerveillé
du récit de ses exploits, Louis XIV le fit entrer
dans la marine de guerre comme lieutenant de
vaisseau.

En 1689, Jean Bart et **Forbin,** tous deux capitaines de frégate, et faits prisonniers des Anglais
après un beau combat au milieu de la Manche,
furent emmenés à Plymouth. Leur captivité ne fut
pas de longue durée ; s'échappant par la fenêtre
de leur prison à l'aide de leurs draps de lit, ils
s'emparèrent d'un mauvais canot de pêche, tra-
versèrent une escadre ennemie et vinrent atterrir
à Saint-Malo. Le roi les nomma capitaines de
vaisseau.

Jean Bart assista en cette qualité, sous Tour-

---

(1) Il ne faut pas oublier que les navires de commerce
étaient toujours, en temps de guerre, munis d'une artillerie
respectable.

ville, à la bataille de Béveziers et à l'affaire de Lagos ; en 1694, commandant en chef une division de sept bâtiments, il prit aux Hollandais un convoi de cent trente navires. En 1696, après une opération semblable, il fut nommé chef d'escadre. Il mourut en 1702, à l'âge de cinquante-deux ans, d'une maladie de poitrine. C'est une des plus grandes gloires maritimes de la France.

René Duguay-Trouin, né à Saint-Malo en 1673, n'est pas moins célèbre. Après de nombreux combats comme capitaine corsaire, il fut fait lieutenant de vaisseau dans la marine royale. A l'âge de vingt-cinq ans, il était capitaine de frégate.

Duguay-Trouin.

Un de ses beaux faits d'armes fut la prise de la puissante ville de *Rio-de-Janeiro* (Amérique du Sud, carte A). A la tête d'une escadre entièrement fournie et équipée par les armateurs de Saint-Malo, Duguay-Trouin s'empara en onze jours de Rio et de ses forts, et revint en France chargé de colossales richesses. Le roi le récompensa par le grade de chef d'escadre.

Coëtlogon, *Forbin*, *Ducasse* et *Cassard* firent aussi la course avec audace et succès pendant la guerre de la succession d'Espagne. En 1707, Forbin, qui venait d'être fait chef d'escadre, remporta, de concert avec Duguay-Trouin, une véritable victoire sur un immense convoi anglais qui portait des troupes en Espagne. C'est dans cette bataille qu'un maître, *Honoré Toscan*, resté seul sur le pont d'un vaisseau ennemi après un abordage repoussé, s'en alla amener le pavillon anglais qui flottait à la corne, et se jeta à la nage en l'emportant avec lui. Il fut assez heureux pour rallier son bord malgré une grêle de balles, rapportant à son commandant l'emblême dont il s'était emparé avec tant de sang-froid.

La guerre de course n'était pas moins active aux colonies que dans les mers d'Europe. Aux Antilles, le chef d'escadre *Pointis* et le capitaine de vaisseau *Ducasse* prirent et pillèrent l'importante ville espagnole de *Carthagène-des-Indes* (1697). Dans l'Amérique du Nord, où nous possédions le Canada, le corsaire **d'Iberville** aida le gouverneur *Vaudreuil* à défendre *Québec* attaquée, et alla ensuite ravager les pêcheries anglaises de Terre-Neuve.

LECTURE 2

LES DESCENDANTS DE JEAN BART.

En 1699, Jean Bart est chargé de conduire en Pologne le prince de Conti. qui cherche à se faire élire roi de ce pays. L'escadre, composée de six vaisseaux, rencontre une escadre hollandaise de neuf vaisseaux qui passe sans l'attaquer. Le prince de Conti dit à Jean Bart : « Nous l'avons échappée belle. S'ils avaient attaqué, nous étions pris. — Jamais. Monseigneur, répond Jean Bart; mon fils était dans la soute à poudres, avec ordre de faire sauter le bâtiment à mon premier signal. Je l'aurais fait sans hésiter plutôt que de me rendre. »

Cette réponse causa une certaine émotion au prince, qui trouva le remède pire que le mal.

Ce fils de Jean Bart, François Bart, mourut vice-amiral en 1755.

Le neveu de Jean Bart, Cornil, commandant la frégate *la Danaé* avec son fils comme second, est attaqué en 1759 par deux énormes vaisseaux anglais. La lutte est impossible.

« N'importe, dit Cornil Bart à son fils Pierre, il faut combattre pour l'honneur du pavillon. » La canonnade s'engage. Un boulet emporte les deux jambes du commandant. Son fils veut le faire porter dans sa chambre, le faire panser.

« Non, mon fils, c'est inutile ; tant qu'il me restera un souffle de vie, je resterai ici. Quand je serai mort, *veille à soutenir l'honneur du pavillon et celui de la famille.* »

Peu d'instants après, ce héros expire. Pierre,

fidèle aux dernières volontés de son père, continue cette lutte acharnée et sans espoir, et ne tarde pas à tomber mortellement atteint. Au bout de six heures de combat, la *Danaé*, faute d'hommes pour continuer le feu, amène son pavillon et se rend aux Anglais.

CHAPITRE III

LOUIS XV (1715-1774)

La Galissonnière, La Bourdonnais, Dupleix,
Montcalm.

8. — Guerre de la succession d'Autriche
(1741-1748). — Louis XIV mourut le 1ᵉʳ septembre
1715, après soixante-douze années de règne. Il
laissait la France
glorieuse et res-
pectée, mais très af-
faiblie et très pau-
vre. Son arrière-
petit-fils Louis XV
lui succéda (tous
ses autres descen-
dants directs é-
taient morts avant
lui). Sous ce prin-
ce, paresseux et

Dupleix.

indifférent, la marine fut complètement négligée,
et nos belles colonies du Canada et des Indes tombèrent, comme nous allons le voir, entre les
mains des Anglais, qui les possèdent encore
aujourd'hui.

L'empereur d'Allemagne (1) étant mort sans laisser de fils, il s'ensuivit, entre les divers prétendants à sa succession, une guerre à laquelle la France et l'Angleterre se trouvèrent mêlées. Sur terre, nos troupes essuyèrent d'abord des revers, mais à la fin, sous les ordres de l'illustre maréchal *Maurice de Saxe*, vainquirent les Anglais à **Fontenoy** (1745) et les Autrichiens à *Raucoux* et à *Laffelt*.

Sur mer, il n'y eut pas de grandes batailles navales, la France n'ayant plus guère de vaisseaux à opposer aux flottes anglaises. En 1746, les Anglais essayèrent de s'emparer de Lorient, en débarquant dans la baie de Quimperlé un corps de huit mille hommes qui marcha contre la ville. Mais les populations bretonnes firent une si belle résistance, que le général anglais fut obligé de rembarquer son monde en désordre.

En 1747, malheureusement, dans les parages du *cap Finistère* (Espagne, carte B), nous eûmes deux combats, à forces très inégales, avec les escadres anglaises, qui nous détruisirent onze vaisseaux.

9. — LA GUERRE AUX COLONIES. — En Amérique, les volontaires des colonies anglaises envahirent, dès l'année 1745, notre belle colonie du

---

(1) Autrefois l'Autriche constituait une portion de l'Empire d'Allemagne : la famille régnante portait le nom de *Maison d'Autriche*. C'est ce qui explique l'expression *guerre de la succession d'Autriche*.

Canada, dont les garnisons étaient fort peu nombreuses. A la voix du gouverneur, le capitaine de vaisseau **La Galissonnière**, la population civile prit les armes, se joignit aux troupes, et parvint, comme les Lorientais, à repousser l'ennemi, qui s'empara cependant de *Louisbourg* (carte F).

En Asie, nous possédions à cette époque presque tout le littoral de l'*Hindoustan* qu'administrait, au nom du roi, la puissante *Compagnie des Indes*, à la fois militaire et commerciale. Notre capitale était *Pondichéry*. Quelques villes seulement appartenaient aux Anglais, parmi lesquelles *Madras*. L'intérieur de la presqu'île appartenait à un certain nombre de princes indiens, dont quelques-uns très puissants. Les uns nous combattaient, d'autres recherchaient notre alliance et notre protection.

Les Anglais nous enviaient depuis longtemps ces superbes possessions, profitant de notre faiblesse maritime au moment de la guerre de la succession d'Autriche, ils se décidèrent à nous y attaquer, mais ils trouvèrent à qui parler. Le gouverneur était **Dupleix**. L'intrépide capitaine de vaisseau **Mahé de La Bourdonnais** le secondait. Bien que dénués de ressources militaires, ces deux hommes firent des prodiges de valeur. Tandis que La Bourdonnais, se créant avec des bateaux de commerce une escadre de combat, s'empare de Madras (1746) et tient tête victorieusement à des forces anglaises incomparablement plus nom-

2

breuses que les siennes, Dupleix soutient un siège de deux mois dans Pondichéry contre les quarante navires de l'amiral Boscawen, qu'il oblige à s'éloigner. Malheureusement, des dissentiments s'élèvent entre les deux vaillants défenseurs de l'Inde. Dupleix fait rap-

La Bourdonnais.

peler en France l'infortuné La Bourdonnais, qui meurt en 1753, dans le chagrin et la misère. Il était né à Saint-Malo en 1699. Il y a peu d'années encore, un de nos avisos portait son nom.

Dupleix ne fut guère plus heureux par la suite que La Bourdonnais. En 1754, les Anglais, dont il gênait la politique aux Indes, réussirent à provoquer son rappel. Ce grand homme mourut en 1764, navré de l'ingratitude que le roi lui avait témoignée.

Le traité d'*Aix-la-Chapelle* (Allemagne) termina la guerre de la Succession d'Autriche. Nos colonies restaient intactes, mais la marine était presque anéantie.

10. — LA GUERRE DE SEPT-ANS (1755-1763).
a) *en Europe.* — L'Angleterre ne trouvait pas encore la France assez affaiblie : elle ne cherchait

qu'une occasion pour recommencer la guerre. Malgré l'état de paix, partout où les possessions anglaises touchaient à nos colonies, les Anglais nous attaquaient ou nous insultaient. En 1755, Louis XV se lassa et déclara la guerre.

Cette guerre dura sept ans. Le roi de Prusse s'allia à l'Angleterre. L'amiral *La Galissonnière*, qui commandait une escadre à Toulon, alla battre, près des *îles Baléares*, l'amiral anglais Byng, tandis qu'un corps de débarquement prenait d'assaut *Port-Mahon* (carte C). Les Anglais, humiliés et furieux, condamnèrent à mort le malheureux Byng, qui fut fusillé à son bord (1756).

En 1757, les Anglais débarquèrent sans succès à Saint-Malo; en 1758 ils firent une nouvelle tentative à *Saint-Cast*, mais toute la Bretagne était en armes et en fit un véritable carnage. Ce furent là nos seuls succès.

En 1759, une escadre française de vingt et un vaisseaux, commandée par M. de Conflans, fut surprise devant Quiberon par une escadre anglaise de trente et un vaisseaux devant laquelle elle prit chasse. Drossés par le courant sur les roches des *Grands-Cardinaux*, plusieurs de nos vaisseaux se perdirent ou tombèrent au pouvoir des Anglais. Ce fut une défaite honteuse, de celles qu'il ne faut pas oublier, car leur souvenir nous dicte notre devoir.

b) *Aux colonies.* — C'est aux colonies que la

France essuya les plus cruels revers. Les Anglais
dirigeaient contre nos rares troupes coloniales
des armées constamment renforcées, devant lesquelles, malgré leur courage, les défenseurs des
Indes et du Canada étaient réduits à l'impuissance.

C'est ainsi qu'en 1758 le port de *Louisbourg*,
que le traité d'Aix-la-Chapelle avait rendu à la
France, et que deux mille cinq cents hommes
défendaient, tomba au pouvoir d'une armée de
quinze mille Anglais soutenus par vingt-cinq vaisseaux. Toutes nos places fortifiées du Canada
eurent successivement le même sort, et, en 1759,
Québec, la capitale, était forcée de se rendre après
un siège de quatre mois, au cours duquel fut tué
son héroïque défenseur, le général **Montcalm**.

Dans l'Inde, Dupleix avait été remplacé par
Lally-Tollendal, vaillant officier, mais bien
moins habile que son prédécesseur. Enfermé
dans Pondichéry par vingt-deux mille Anglais,
il capitula, à bout de ressources, après dix mois
d'une résistance héroïque (1760). De retour en
France, il fut mis en prison, y resta dix-neuf mois
et n'en sortit que pour marcher au supplice. Sa
mémoire fut d'ailleurs solennellement réhabilitée
quelques années plus tard.

Quelle triste époque ! Et comme il faut avoir
confiance dans notre patrie, qui a su se relever
de si terribles épreuves !

La paix fut signée à Paris en 1763. Les Anglais

nous prenaient les *Indes*, le *Canada* et le *Sénégal*, c'est-à-dire à peu près toutes nos colonies. Notre marine n'existait pour ainsi dire plus : la France n'avait jamais été si faible ni si humiliée!

11. — RELÈVE-MENT DE LA MARINE. — Le relèvement de la marine fut l'œuvre du ministre *Choiseul*; il y consacra sa haute intelligence et son infatigable activité. Son cousin, le duc de *Praslin*, qui lui succéda, continua sa tâche. Le célèbre ingénieur **Sané** et le

Bougainville.

savant capitaine de vaisseau **Borda** lui prêtèrent leur concours. Sept ans après le fatal traité de Paris, notre marine était redevenue une des premières de l'Europe. En même temps, **Bougainville**, capitaine de vaisseau, exécutait autour du monde une brillante campagne scientifique qui dura près de trois ans.

Le récit de la guerre d'Amérique va d'ailleurs nous montrer à quel point la marine s'était vite relevée des désastres de la guerre de Sept ans.

2.

CHAPITRE IV

LOUIS XVI (1774-1792)

D'Estaing, Du Couédic. Guichen. Suffren.

12. — Guerre de l'indépendance d'Amérique (1778-1783). — a) *en Europe.* — L'immense contrée qui porte aujourd'hui le nom de *République des États-Unis d'Amérique* était alors une colonie anglaise. L'Angleterre ayant voulu exiger des colons américains le paiement de certains impôts que ceux-ci considéraient comme vexatoires, les états américains proclamèrent leur indépendance, abandonnèrent le pavillon britannique pour le remplacer par l'étendard à bandes rouges et blanches, et recherchèrent l'alliance de la France. Louis XVI, s'inspirant de l'enthousiasme avec lequel son peuple avait appris la déclaration d'indépendance, accueillit les ouvertures de la nouvelle République, et engagea la France dans une guerre où sa marine si rapidement reconstituée allait se couvrir de gloire (1778).

Les débuts de la guerre furent particulièrement heureux. Au large d'Ouessant, la frégate la *Belle-Poule*, commandant **La Clocheterie**, désempara la frégate anglaise *Arethusa*, et rentra victorieuse à Brest après cinq heures d'un combat acharné.

Ce succèsexcita en France un enthousiasme inouï.

Peu de jours après, le lieutenant-général d'*Orvilliers*, commandant une escadre de trente-deux vaisseaux, se mesurait avec l'escadre de même force de l'amiral Keppel, dans les eaux d'Ouessant. Keppel se replia sur les côtes d'Angleterre; ce n'était pas là une victoire complète, mais n'était-ce pas déjà pour la France un grand succès, que d'avoir tenu tête avantageusement à une flotte anglaise, quinze ans après les désastres de la guerre de Sept ans ?

L'année suivante eut lieu, toujours au large de Brest, le superbe combat des frégates *Surveillante*, commandant **Du Couédic**, et *Québec*, commandant Farmer. On en trouvera plus loin le récit détaillé.

13. — *b) en Amérique.* — C'est principalement aux Antilles et en Amérique qu'eurent lieu les opérations décisives. En 1779, le vice-amiral d'**Estaing** prend d'assaut, à la tête du corps de débarquement de son escadre, la capitale de la *Grenade*, florissante colonie anglaise des Antilles (carte F) et inflige à l'escadre anglaise un sanglant échec. Après lui, l'amiral comte de **Guichen** lutta avec avantage, sans toutefois livrer de bataille décisive, contre l'amiral *Rodney* (1); le comte de

---

(1) L'amiral Rodney, retenu à Paris pour dettes au moment où la guerre éclata, s'était fait fort, devant le maréchal

Grasse, qui remplaça Guichen, ne fut pas moins heureux tout d'abord. Le général anglais Cornwallis était bloqué dans Yorktown par *Washington* (1) et le général français *Rochambeau*. L'escadre de l'amiral Hood accourait à son secours quand de Grasse, lui livrant bataille, la mit dans l'impossibilité d'agir. Peu de jours après, Cornwallis capitulait ; la cause de l'indépendance des États-Unis était définitivement gagnée (1781).

De Grasse n'eut malheureusement pas autant de succès l'année suivante ; attaqué par les amiraux Hood et Rodney, qui avaient des forces très supérieures, il fut forcé d'accepter, dans les eaux de la *Guadeloupe*, un combat très inégal. Malgré une résistance désespérée, héroïque, il fut complètement défait et dut amener son pavillon. Il avait vainement cherché la mort ; ses munitions étaient épuisées, et la *Ville-de-Paris*, qu'il montait, ne comptait plus que quelques hommes en état de combattre. Cette bataille, la seule vraie défaite de la France dans cette guerre, est connue sous le nom de bataille *des Saintes*. Comme jadis à la Hougue, l'honneur était sauf, mais, à l'excep-

---

de Biron, de battre d'Estaing et de lui enlever la Grenade. Immédiatement le maréchal paya les dettes en question, ne voulant pas qu'une circonstance de cette nature privât la nation ennemie des services d'un de ses plus brillants officiers, et l'amiral put prendre part à la guerre.

(1). Washington fut le premier président de la République des États-Unis.

tion des hardis coups de main du corsaire *Lamo-the-Picquet*, notre marine ne fit plus rien sur les côtes d'Amérique ni aux Antilles.

Il nous reste maintenant à parler d'une des plus grandes illustrations de la marine française, du célèbre Bailli de Suffren.

14. — *c) aux Indes* (carte G). — **Suffren,** né en Provence en 1726, était entré dans la ma-rine à l'âge de dix-sept ans, et s'était déjà dis-tingué dans un grand nombre d'opérations de guerre. En 1781, il était capitaine de vais-seau. On l'envoya, à la tête d'une division, renforcer notre es-cadre de la mer des Indes.

Suffren

Parti de Brest en mars 1781, il commence par livrer bataille, dans la baie de la *Praïa* (iles du Cap Vert) au contre-amiral anglais Johnstone et le met dans l'impos-sibilité de le poursuivre. Au mois de juillet il arrive à l'Ile-de-France (1) et appareille en dé-cembre pour l'Hindoustan. Alors commence la

_____

(1) L'Ile-de-France appartient aujourd'hui aux Anglais, sous le nom d'Ile Maurice.

plus belle campagne maritime qu'on ait peut-
être jamais faite. Presque totalement privé de
renforts, sans ports pour se réparer, sans maté-

Le Héros, vaisseau amiral de Suffren au combat de Trinquemalé.

riel de rechange, sans vivres frais, il déploie une
activité prodigieuse, se montre partout où le succès
est possible, combine ses mouvements avec ceux
des princes indiens de l'intérieur ; cinq fois il livre
bataille à l'amiral Hughes sans parvenir à
l'anéantir, mais en l'obligeant toujours à la retraite. Il s'empare de *Trinquemalé* et hiverne à
Sumatra ; là, à force d'ingéniosité et de « dé-

brouillage », il répare ses avaries et repose ses vaillants équipages exténués. En 1783, il revient chercher l'amiral Hughes, sauve le port de *Goudelour* où notre corps expéditionnaire était bloqué et sur le point de succomber, et au moment où il va profiter de ce dernier succès pour écraser son adversaire, il reçoit la nouvelle de la signature de la paix et l'ordre de rentrer en France.

A son retour, le héros de l'Inde fut comblé d'honneurs, tant par le roi que par la population. Il mourut vice-amiral en 1788.

C'est un de nos plus grands hommes de guerre, et plus d'une fois l'empereur Napoléon Ier regrettera de ne pas avoir un amiral de sa trempe. Si Suffren eût vécu trente années plus tard, les choses eussent sans doute tourné autrement, et peut-être le grand Empereur n'eût-il connu ni Waterloo ni Sainte-Hélène.

La paix fut signée à *Versailles*. L'Angleterre reconnaissait l'indépendance de son ancienne colonie, mais la France ne gardait aucune des conquêtes de la guerre. Somme toute, cette paix, quoique honorable, était loin de compenser les sacrifices que nous nous étions imposés, et surtout de réparer les désastres du traité de Paris. Mais la France avait prouvé au monde que toute sa force lui était revenue, et notre histoire s'était enrichie de pages incomparablement glorieuses.

15. — FIN DU RÈGNE DE LOUIS XVI. — Les années qui suivirent constituèrent pour la marine une période de travail et de perfectionnement. Un bon ministre, M. *de Castries*, fit d'intelligentes réformes, et acheva l'œuvre entreprise par Colbert.

Il envoya le capitaine de vaisseau **Lapérouse** faire autour du monde une magnifique campagne de découvertes. Cet illustre navigateur disparut malheureusement au cours de son voyage. C'est en vain qu'en 1791 le contre-amiral **d'Entrecasteaux** fut envoyé à sa recherche. Ce n'est

Lapérouse.

qu'en 1827 qu'on retrouva par hasard, dans une petite île du Pacifique, les derniers restes de l'expédition, que l'amiral *Dumont d'Urville* fut chargé de rapporter en France.

C'est vers la fin du règne de Louis XVI qu'on commença les plans et les travaux gigantesques du port de *Cherbourg* (1).

_____

(1) La construction de la digue dura soixante-neuf ans ; l'avant-port ne fut achevé qu'en 1813, le bassin Charles X, en 1829, et le bassin Napoléon III, creusé en plein roc, fut terminé en 1858 après vingt-trois ans de travaux.

Quant à la flotte, elle était capable de disputer le premier rang à celle de l'Angleterre. Alors que celle-ci avait cent trente-cinq vaisseaux, nous en avions quatre-vingt-un, avec soixante-neuf frégates contre cent deux ; nos équipages, entraînés par de longues navigations, et électrisés par le succès de la dernière guerre, étaient de premier ordre.

Malheureusement, la France va traverser des périodes de troubles, funestes à l'entretien du matériel. Tout ce brillant héritage maritime sera négligé et dispersé, et dans les pages suivantes nous verrons les amiraux de la jeune République lutter désespérément, à la tête de quelques vaisseaux déliés, navrants débris des escadres de Louis XVI, contre les formidables flottes de l'Europe coalisée.

LECTURE 3
COMBAT DE LA « SURVEILLANTE » ET DU « QUÉBEC ».

Les deux frégates se découvrirent à la pointe du jour. Vers onze heures, étant à portée de canon, la *Surveillante* commença le feu ; le *Québec* n'envoya sa bordée que lorsqu'il fut à demi-portée de canon. Le combat s'engagea bientôt à portée de mousqueterie. Les deux frégates, presque bord à bord, faisaient, avec une égale activité, un feu continuel de canons chargés à mitraille, de fusils, et même de pistolets. Il y avait des moments où les refouloirs se touchaient.

C'est au plus fort des dangers que les braves, exaltés par leur courage, cherchent à se signaler. Le soin du pavillon avait été confié au second pilote, appelé le Mancq. Un boulet coupa la drisse du pavillon qui tomba à l'eau. Un cri de joie se fait entendre à bord de l'ennemi ; le Mancq saisit un autre pavillon et monte aux haubans d'artimon ; il s'y tint avec son pavillon déployé en criant : Vive le Roi ! au milieu des boulets et des balles dirigés contre lui. Il ne descendit que lorsqu'on eût rehissé le pavillon de poupe. Le bonheur est souvent le prix du grand courage : ce pilote intrépide ne reçut aucune blessure pendant toute l'action.

Après une heure et demie, le feu commençait à se ralentir également de part et d'autre, lorsque les trois mâts de la *Surveillante* tombèrent à la fois, et, heureusement, en travers à bâbord, de sorte que le côté tribord, où on se battait, resta dégagé. Il ne resta de la mâture que le beaupré avec son bout-dehors, d'où pendaient les focs avec leur gréement. Cinq minutes après le démâtement de la *Surveillante*, les trois mâts du *Québec* tombèrent ensemble, mais malheureusement en arrière, de sorte que les mâts, les manœuvres, les vergues et les voiles couvraient le gaillard d'arrière. Leur chute tua et blessa beaucoup de monde, et le service des canons devint impossible.

M. du Couédic, déjà blessé de deux balles à la tête, voulant profiter du désordre de l'ennemi, ordonna d'aller à l'abordage. A l'instant où il venait de donner cet ordre, il reçut une balle dans le ventre, et malgré le sang qu'il perdait de ses trois blessures, il n'en continua pas moins à rester sur le pont et à donner ses ordres.

On s'armait, on se disposait pour l'abordage, lorsqu'on aperçut une épaisse fumée à bord de la frégate anglaise, et bientôt après, les flammes parurent.

La frégate anglaise était un peu sur l'avant et au vent de la frégate française, et si près, qu'on y sentait la chaleur des flammes. Pour empêcher que le *Québec*, en dérivant, n'abordât la *Surveillante* et n'y mit le feu, M. du Couédic fit mettre en place les avirons de galère, qui étaient la seule ressource qui restait, à défaut d'embarcations, pour faire reculer la frégate en l'éloignant du *Québec*. Il était temps de faire cette manœuvre, car le *Québec*, par l'effet du vent qui agissait sur les flammes comme sur des voiles, ayant fait une abatée sur bâbord, s'entraversa sous le beaupré de la *Surveillante*, qui, si elle n'eût reculé, aurait brûlé avec la frégate anglaise.

Les focs et le gréement qui pendaient au bout-dehors de beaupré ayant pris feu, des matelots se portèrent hardiment avec des haches pour couper ce qui était embrasé. Ce travail était accompagné d'un grand danger, car il fallait s'avancer au-dessus de la frégate anglaise en feu. Le feu s'était déjà communiqué aux poulaines de la *Surveillante*, lorsqu'on vint avertir M. du Couédic que l'eau gagnait dans la cale par les trous qu'avaient faits les boulets à la flottaison. Il ordonna de clouer des plaques de bois aux ouvertures extérieures des trous des boulets à fleur d'eau.

Aussitôt que le *Québec* eut dépassé l'avant de la *Surveillante*, M. du Couédic fit agir les rames pour

faire avancer la frégate. Le *Québec*, continuant à
marcher, passa à bâbord de la *Surveillante*, en
la longeant si près et si lentement que la chaleur de
ses flammes faisait fumer et fondre le brai, et qu'on
était obligé de jeter continuellement de l'eau sur le
bord extérieur, pour l'empêcher de prendre feu.

L'horreur de cette position était encore augmentée
par le spectacle déchirant et les cris de désespoir
des malheureux Anglais, qui, pour éviter les flammes, se tenaient quelque temps suspendus par les
mains, en dehors de leur frégate, en appelant
vainement un secours impossible à leur donner, et
qui bientôt, épuisés de fatigue, atteints par les
flammes qui sortaient des sabords et obligés par
l'ardeur du feu de lâcher les cordages qu'ils tenaient,
tombaient à l'eau et disparaissaient ; plusieurs de
ces infortunés furent assez forts et assez heureux
pour gagner en nageant les débris qui flottaient
entre les deux bâtiments, et sur lesquels M. du
Couédic faisait jeter des cordages, qui servaient à
monter à bord ceux qui pouvaient les saisir. Ce fut
ainsi que quarante-trois Anglais parvinrent à être
sauvés de l'incendie de leur frégate. Vers cinq heures
le *Québec* sauta en l'air, et disparut en lançant ses
débris enflammés, dont plusieurs tombèrent à bord
de la *Surveillante*. Ce ne fut pas sans peine qu'on
parvint à les éteindre ou à les jeter à la mer.

Enfin, échappé du danger du feu, il fallait s'oc-
cuper du péril où l'on était encore de couler bas.
La frégate avait déjà commencé à enfoncer par la
quantité d'eau qui était entrée par les trous mal
bouchés. M. du Couédic, surmontant la douleur de
ses blessures et la faiblesse occasionnée par la perte
de son sang, continuait de donner ses ordres. Dans

ses regards toujours fermes et rassurants, l'équipage puisait son courage, sa confiance et son espérance. Il leur ordonna d'enfoncer les cloisons, de
faire des puits, de former des chaînes, et de faire
agir les deux seules pompes qui pouvaient servir.
Tous se mirent à l'ouvrage, Français et Anglais.
Bientôt, on vit que l'eau n'augmentait plus ; le travail se continua avec plus de force et d'ardeur ; l'eau
diminua, et enfin la cale fut entièrement vidée, et
les trous se trouvant au-dessus de la flottaison, on
put travailler à clouer les plaques plus solidement
et à les garnir d'étoupes.

Tout danger ayant cessé, M. du Couédic, dont les
forces étaient épuisées autant par l'effet de ses blessures que par les efforts qu'il avait faits sur lui-
même pour maintenir le calme parmi son équipage,
sentit que sa présence n'était plus nécessaire. M. de
la Bentinaye, le second, à qui on venait de faire
l'amputation du bras droit, était incapable d'être
chargé du commandement. M. de Lostanges, second
lieutenant, quoiqu'il eût eu un œil emporté, était
remonté du poste des blessés sur le pont ; mais
affaibli par le sang qu'il avait perdu et perdait
encore, obligé de se retirer pour faire continuer son
pansement, il pria M. du Couédic de charger du
commandement provisoire M. Dufresneau, les autres
officiers ayant été tués. M. du Couédic nomma donc
M. Dufresneau, et lui enjoignit de prendre tous les
moyens pour conduire la frégate dans le port le plus
voisin. Il se fit ensuite porter dans sa chambre. Français et Anglais, gardant un silence respectueux,
faisant des vœux pour son rétablissement, l'accom-
pagnèrent de leurs regards, où se peignaient l'in-
quiétude et la reconnaissance.

Il était environ six heures, quand tout danger étant dissipé, le capitaine se retira ; ainsi le combat et les inquiétudes qui l'avaient suivi avaient duré sept heures, pendant lesquelles Français et Anglais avaient lutté contre le triple danger du fer, du feu et de l'eau, avec une égale portion de gloire.

Le 8 octobre, la *Surveillante* entra dans la rade de Brest, remorquée par des bateaux de pêche. Il y avait dans la rade soixante-dix vaisseaux de ligne français et espagnols. L'équipage de chaque vaisseau près duquel passait la *Surveillante*, montait et garnissait les mâts et les vergues, et la saluait de trois cris de « Vive le Roi! ». Vers midi la frégate mouilla vis-à-vis l'entrée du port. Elle fut aussitôt entourée de canots, chargés des habitants de la ville et d'un grand nombre de curieux, mais on ne laissa monter à bord que les premières autorités. Le commandant de la marine, M. Duchaffault, et celui de l'armée combinée, M. le comte d'Orvilliers, furent seuls admis à parler à M. du Couédic (1).

_____

(1) Du Couédic, qu'on avait espéré sauver de ses blessures, mourut trois mois après. Il avait reçu sa nomination au grade de capitaine de vaisseau quelques jours après son retour. — Ce récit du combat de la *Surveillante* est dû à M. de Lostanges, qui parle de lui-même avec une extrême modestie, réservant tous ses éloges pour son vaillant chef.

(Extrait de *Gloires et Souvenirs maritimes,*
par M. Maurice Loir. Hachette et Cie, éditeurs.)

CHAPITRE V

LA PREMIÈRE RÉPUBLIQUE (1792-1804)

BRUEYS, LATOUCHE-TRÉVILLE, LINOIS,
VILLARET-JOYEUSE.

16. — LA RÉVOLUTION DE 1789. — Il est inutile
de raconter ici en détail comment se fit la Révolution Française. Cet événement, qui tient dans l'histoire de notre pays une place primordiale, est
connu de tous. *La première coalition* se forma
en 1791, entre l'Autriche et la Prusse. La France,
en proie aux discordes intestines, voyait son
armée et sa marine désorganisées par l'émigra-
tion. Un grand nombre d'officiers appartenaient à
la noblesse ; dépouillés de leurs biens, menacés
dans leur existence, beaucoup d'entre eux étaient
allés attendre à l'étranger la fin de cette période
troublée. On fut donc obligé de reconstituer les
cadres à la hâte. Une confusion inévitable en pareil
cas régnait dans tous les services, et de même que
les conscrits marchaient au feu sans souliers, nos
vaisseaux allèrent souvent chercher l'ennemi sans
rechanges et faisant eau de toutes parts. Aussi ne
fûmes-nous pas toujours heureux, car le courage
et le patriotisme, quelque puissants qu'ils soient,

ne peuvent, à la guerre, tenir lieu de tout, mais l'honneur au moins fut toujours sauf, et la marine sut, comme l'armée, continuer les traditions glorieuses que lui léguait l'ancien régime.

17. — GUERRE SUR TERRE PENDANT LA PREMIÈRE COALITION. — A la fin de l'année 1792, les ennemis entrèrent en France par la frontière du Nord-Est. Les généraux *Dumouriez* et *Kellermann* les repoussèrent par les victoires de **Valmy** et de **Jemmapes**. Mais à la mort de Louis XVI (Janvier 1793), l'Europe entière se joignit aux coalisés (Angleterre, Espagne, Hollande, Russie).

Matelot-timonier (1793).

L'invasion était générale de la Meuse à la Méditerranée. De plus il fallait lutter contre la Vendée insurgée, fidèle à l'ancien régime ; Toulon se donnait aux Anglais avec son arsenal et ses vaisseaux ! Le grand **Carnot**, celui qu'on a appelé *l'organisateur de la victoire*, sauva la situation : dans le Nord, il envoie le général *Jourdan*, qui bat les Autrichiens à **Wattignies** (1793), à **Fleurus** (1) (1794) et conquiert toute la Belgique. Le général *Pichegru* envahit la Hollande ; ses hussards, au mois de janvier 1795, s'emparent de la flotte hollandaise immobilisée dans les glaces ; le jeune général **Hoche** chasse les Autrichiens de l'Alsace et va ensuite mettre fin à l'insurrection vendéenne ; enfin **Bonaparte**, le futur empereur Napoléon Ier, alors jeune commandant d'artillerie, reprend Toulon aux Anglais. En juillet 1795, plusieurs nations signent la paix à *Bâle* avec la République ; l'Angleterre et l'Autriche restent en armes. Bonaparte, passé général, est chargé des Autrichiens. Il les joint en Italie, les bat dans plus de douze batailles, et les poursuit l'épée dans les reins jusque sur la route de Vienne (1796-1797). Dans le même temps, Hoche les bat et les poursuit en Allemagne, où il est tué à vingt-neuf ans en pleine victoire. L'Autriche se retire de la lutte. Reste l'Angleterre, mais voyons d'abord quel avait été jusqu'ici le rôle de la marine.

---

(1) Carte D.

3.

18. — GUERRE SUR MER. LE « VENGEUR ». — En 1793 on avait envoyé le contre-amiral *Vanstabel* chercher en Amérique un important convoi de blé. Plusieurs escadres anglaises guettaient son retour aux abords d'Ouessant pour s'emparer du convoi ; c'eût été un terrible désastre, car la France souffrait cruellement de la famine. On fit donc sortir de Brest une assez forte escadre sous les ordres de l'amiral *Villaret-Joyeuse*, secondé par les contre-amiraux **Nielly** et **Bouvet**. Dès que Villaret-Joyeuse eût pris contact avec l'amiral anglais, il chercha à l'entraîner hors de la route que suivrait Vanstabel, et s'éloigna vers le N.-O. L'amiral Howe se mit à sa poursuite et l'atteignit le 1er juin. L'escadre de Villaret fit une résistance acharnée. Après plus de trois heures de lutte, six vaisseaux se rendirent ; un septième, le fameux **Vengeur**, commandant *Renaudin*, refusa obstinément de se rendre, bien qu'il fût entièrement démâté, et qu'il s'enfonçât lentement dans les flots ; les survivants avaient cloué les couleurs au tronçon du mât d'artimon. Les Anglais sauvèrent une partie de ce vaillant équipage ; mais plus de deux cents hommes disparurent avec la glorieuse épave aux cris de : *Vive la Nation! Vive la République!* Howe n'avait perdu aucun vaisseau, mais il était si maltraité qu'il dut rester deux jours en panne pour se remettre en état de regagner l'Angleterre.

Pendant que ce combat se livrait à quelques milles au nord-ouest d'Ouessant, Vanstabel, convoyant le pain de la France, entrait dans la rade de Brest ; le pays était sauvé ; l'Assemblée Nationale décida que *l'armée navale de Brest avait bien mérité de la patrie.*

19. — Expédition d'Egypte. Bataille d'Aboukir (1797-1799). — En 1797 le gouvernement français décida de s'emparer de l'*Égypte* (carte C). Bien que cette contrée n'appartînt pas à l'Angleterre, sa possession nous assurait la prépondérance dans le Levant, et nous mettait sur la route des Indes. L'expédition fut confiée au général Bonaparte,

Nelson.

qui partit de Toulon avec une armée de trente-six mille hommes sur une flotte énorme, escortée par l'escadre du vice-amiral *Brueys*. Ce convoi traversa la Méditerranée sans que l'amiral anglais *Nelson* parvint à le rencontrer. Le 1er juillet 1797, Bonaparte débarquait sur la plage d'*Aboukir*, et s'enfonçait dans l'intérieur du pays.

Peu de temps après, Nelson apparaissait. Brueys n'avait pas pris ses dispositions de combat. Sans laisser à l'escadre française le temps de mettre à la voile, l'illustre amiral anglais fait passer hardiment plusieurs vaisseaux entre elle et la terre, et la prend entre deux feux. Ce fut une lutte longue et terrible ; elle se prolongea toute la nuit avec un acharnement sans exemple ; nous perdîmes onze vaisseaux ; l'Angleterre restait maîtresse de la Méditerranée ; l'armée de Bonaparte était enfermée en Égypte, et à la faveur de notre détresse, une nouvelle coalition se formait, nous laissant de nouveau seuls contre toute l'Europe.

20. — SECONDE COALITION (1799-1802). *a) sur terre.* — Comme en 1793, l'invasion eut lieu simultanément sur toutes nos frontières ; nous fûmes battus en Allemagne et en Italie, et la situation était de nouveau très critique, quand Bonaparte, laissant son armée d'Égypte au général **Kléber**, revient en France à l'aide de deux frégates échappées au désastre d'Aboukir. Aussitôt à Paris, il se met à la tête du gouvernement avec le titre de Premier Consul, et prend en personne le commandement de l'armée d'Italie. Pendant que **Masséna** bat les Russes à *Zürich* (carte B), Bonaparte bat les Autrichiens à *Marengo* et à *Montebello* (1800) et les oblige à demander la paix (1801). L'Angleterre restait encore seule contre nous.

21. — *b) sur mer.* — Malgré le beau combat victorieusement soutenu par les trois vaisseaux du contre-amiral **Linois** à **Algésiras** contre six vaisseaux anglais, nous ne pûmes réussir à rapatrier l'armée restée en Egypte. Toutes ces guerres ne reconstruisaient pas nos flottes; mais Bonaparte eut l'idée de porter la guerre sur le territoire anglais. Pendant qu'une armée se réunissait sur les côtes de la Manche, **Latouche Tréville** organisait à *Boulogne* une flottille de bateaux plats et de canonnières. Nelson vint l'attaquer par deux fois à la tête d'une forte division, mais il fut vigoureu-

Latouche Tréville.

sement repoussé, et l'Angleterre demanda la paix (1802).

22. — PÉRIODE DE PAIX (1802-1803). — Le Premier Consul chercha à mettre de l'ordre dans la marine. Le célèbre ingénieur **Forfait**, puis l'amiral **Decrès**, habile administrateur, furent successivement chargés du ministère. On créa à *Anvers* un puissant arsenal (1), les travaux de

---

(1) Le grand port d'Anvers était français depuis la conquête de la Belgique par le général Jourdan, en 1794.

Cherbourg furent poussés avec activité ; on tâcha de reconstituer les flottes, de réparer les vaisseaux, et d'en construire en grand nombre. D'ailleurs, la marine ne manquait pas de bons chefs ; c'était l'époque des amiraux Latouche-Tréville, Linois, *Missiessy*, **Bruix**. Quant aux équipages, ils étaient pleins d'ardeur et capables des plus grandes choses. Aussi, quand en 1803 l'Angleterre nous déclara de nouveau la guerre, Bonaparte crut pouvoir la terrasser d'un seul coup. Nous allons voir comment il fut déçu.

LECTURE 4

ÉPISODES DE LA BATAILLE D'ABOUKIR (1).

A sept heures du soir l'amiral Brueys, dont le pavillon flottait à bord du vaisseau *l'Orient*, fut blessé à la tête et à la main ; il ne voulut pas être pansé. Il se contentait d'essuyer avec son mouchoir le sang qui coulait de ses blessures. A sept heures et demie, il eut la cuisse gauche emportée. Le chef de timonerie le reçut dans ses bras. Ses officiers voulaient le faire porter aux postes des blessés, mais il leur dit : « Un amiral français doit mourir sur son banc de quart. » Un instant après, un boulet le coupe en deux. Son brave capitaine de pavillon, Lucien de **Casabianca** est très grièvement atteint à la tête. Tout à coup, la mâture prend feu ; les trois

---

(1) Les Anglais la désignent sous le nom de bataille du *Nil*. Un de leurs cuirassés en porte le nom.

mâts se consument en torches colossales ; l'équipage
sans songer à amener, dispute à la fois le navire à
l'incendie et à ses implacables ennemis, qui n'imi-

Explosion de l'*Orient*.

tent guère le dévouement de Du Couédic ; mais c'est
peine perdue ; l'énorme trois-pont n'est plus qu'une
fournaise. Les hommes, voyant le moment de l'explosion approcher, se jettent à la mer, avec leurs

habits et leurs cheveux en feu, en sautant par les sabords qui vomissent des torrents de fumée. Le jeune Casabianca, qui n'a pas quitté son père pendant toute l'action (il est à peine âgé de 10 ans), se jette sur son corps ensanglanté, le presse dans ses bras, le couvre de baisers : des matelots veulent emporter l'enfant dans une embarcation ; le père se ranime un instant : « Mon fils, lui dit-il, tu vois bien que je suis mort ; sauve-toi, vis pour ta mère ! » L'enfant résiste, et pendant ce temps la chaloupe disparaît ! Le commandant Casabianca, apercevant alors un tronçon de mât de hune qui flotte, y fait attacher son fils par le commissaire Joubert, qui s'y attache lui-même. Enfin, à onze heures du soir, l'*Orient* saute, lançant ses débris à une effrayante hauteur. Le brave Casabianca saute avec son vaisseau, tenant dans sa main crispée le pavillon national. Le tronçon de mât qui porte son fils et Joubert, est englouti dans les sinistres remous que produit cette catastrophe. Un lugubre silence succède à l'explosion. L'ennemi stupéfait cesse de combattre... Mais au bout d'un quart d'heure, quelques coups de canon se font entendre ; c'est le vaisseau le *Franklin*, battant pavillon du contre-amiral **Du Chayla**, qui vient de recommencer le feu, annonçant aux Anglais qu'il leur reste des Français à combattre. — En effet, Du Chayla grièvement blessé au visage par un paquet de mitraille, revient d'un long évanouissement, et s'étonne de ce qu'on ne tire plus. « Nous n'avons plus que trois canons en état, disent les canonniers. — Eh bien, tirez toujours ! le dernier coup de canon est peut-être celui qui nous rendra victorieux ! » Et le *Franklin* continue à tirer.

Dans un autre endroit combat le *Tonnant*, vieux

vaisseau dont le commandant est **Dupetit-Thouars**. Un boulet de canon lui emporta le bras droit ; il s'affaisse, on s'élance ; mais se redressant : « Ce n'est rien, dit-il ; j'ai encore un bras pour servir la France ; » il saisit de la main qui lui reste la longue-vue d'un de ses officiers pour remplacer la sienne partie avec le bras droit. Un instant après, c'est le tour du bras gauche ; exalté par le combat, le héros ne sent pas la douleur : « Vive la France, s'écrie-t-il ; feu, camarades ! » Un troisième boulet lui emporte les deux jambes ! Il appelle alors son second, Belliard, et, retrouvant son énergique voix de commandement : « Braves marins du *Tonnant*, jurez de ne pas amener, de couler plutôt que de vous rendre... Si vous êtes pris à l'abordage, jetez ce qui reste de mon corps à la mer... Vive la France ! » et il expire. Le *Tonnant* continue la lutte en désespéré, mais privé de toute sa mâture, il va s'échouer à la côte.

Des défaites accompagnées de tels actes de sublime courage sont aussi glorieuses que des victoires.

LECTURE 5

LETTRE D'UN TIMONIER SUR LE COMBAT DE PRAIRIAL.
(JUIN 1795).

Ma très chère mère, je vous écris ces deux mots, c'est pour m'informer de votre chère santé ; pour la mienne, elle est fort bonne, grâce à Dieu ! excepté que dans le combat du 13 Prairial, vers la fin du combat, j'ai eu la cuisse droite cassée, mais Dieu merci ! elle est très bien remise, et je n'en aurai que le mal. Ainsi, ma chère mère, je vous prie de ne pas prendre de la peine. Je vous dirai que nous étions deux à gouverner. Nous avons été tous les deux blessés du même coup. Ce n'est rien que ça. Tout ce que je désire, c'est d'être bien vite guéri pour me venger de ces canailles-là et leur faire voir qu'un Républicain veut vivre libre ou mourir.

On n'a jamais vu pareil combat. Nous nous battions à portée de pistolet. A chaque bordée que nous tirions sur l'ennemi, les cris de Vive la République ! à bord de nos vaisseaux faisaient retentir les airs.

— Jean JULIEN, compagnon timonier, sur l'*Entre-prenant*.

(Extrait de *Gloires et Souvenirs maritimes*,
par Maurice Loir. Hachette et Cⁱᵉ, éditeurs.)

CHAPITRE VI

L'EMPIRE (1804-1815)

VILLENEUVE, MISSIESSY, BOUVET, SURCOUF.

23. — PLAN DE CAMPAGNE CONTRE L'ANGLE-
TERRE. — L'année 1803 fut employée à renforcer
la *flottille de Boulogne.* Sur toutes les côtes on
construisait des cha-
lands et des canon-
nières. On atteignit
le chiffre de 1200 ba-
teaux. Bonaparte,
proclamé Empereur
des Français en 1804,
sous le nom de *Na-
poléon Ier*, devait
commander en per-
sonne l'armée d'in-
vasion en Angle-

Napoléon Ier.

terre. Mais pour faire son débarquement, il lui
fallait être tranquille pendant quelques heures,
c'est-à-dire ne redouter aucune attaque des
escadres anglaises. Son plan fut de disperser ces
escadres à la poursuite de l'amiral *Villeneuve*
qui armait à Toulon, et qui ferait tout d'abord

semblant d'aller attaquer les colonies anglaises des Antilles; cela fait, Villeneuve, se rabattant vers la Manche, viendrait couvrir le passage par surcroît de précaution, et la flottille de Boulogne, n'ayant plus rien à craindre, irait jeter sur le sol Anglais les cent-cinquante mille hommes de la Grande Armée.

24. — TROISIÈME COALITION (1805). TRAFALGAR SUR MER. AUSTERLITZ SUR TERRE (carte B). — Ce plan était d'une exécution difficile; aussi, il échoua. Villeneuve, traqué par Nelson, eut beaucoup de retard, et ne put rencontrer ni l'amiral Missiessy, ni l'amiral *Ganteaume* qui devaient se ranger sous ses ordres. L'Espagne était notre alliée. Il rallia les vaisseaux espagnols de l'amiral *Gravina*, et rien n'était perdu si Villeneuve eût été un Suffren. Mais il n'avait que bien peu des qualités de ce grand homme. Découragé par un combat malheureux à la hauteur du *Ferrol*, il redescendit vers le sud et se laissa bloquer dans Cadix par Nelson.

Napoléon abandonna alors tout à fait ses projets de descente en Angleterre, d'ailleurs l'Autriche, la Prusse et la Russie se mettaient contre nous. L'armée de Boulogne, conduite par l'Empereur, fit face en arrière, traversa l'Allemagne, entra en Autriche, et termina d'un seul coup la guerre par la grande victoire d'**Austerlitz**.

Pendant ce temps Villeneuve était sorti de Cadix

Marin de la garde et quartier-maître (1831).

avec trente-trois vaisseaux, français et espagnols ;
cette énorme escadre, assez en désordre, fut
attaquée par les vingt-sept vaisseaux de Nelson,
au large du cap *Trafalgar* ! Ce fut une seconde
journée d'Aboukir. La bataille dura six heures.
L'escadre franco-espagnole perdit dix-huit vaisseaux et sept mille hommes. Le brave contre-
amiral **Magon**, l'amiral espagnol Gravina, *Nelson*
lui-même furent au nombre des morts.

Villeneuve s'était bravement battu. Il fut em-
mené en captivité en Angleterre, et les derniers
vaisseaux de sa flotte ne tardèrent pas à tomber
eux aussi entre les mains des Anglais. Ce désastre
n'empêcha pas l'Empereur d'imposer à l'Europe
une paix glorieuse, mais l'Angleterre était sauvée
une fois de plus, et une fois de plus, la France était
sans marine.

25. — Suite des guerres de Napoléon. — Tout
en cherchant à reconstituer sa marine, Napoléon
continue à bouleverser l'Europe à la tête de ses
superbes armées (cartes B et D).

1806-1807, quatrième coalition. Il bat les Prussiens à **Iéna**, les Russes à *Eylau* et **Friedland**.

En même temps, il déclare l'Angleterre en état
de *blocus* et interdit à l'Europe tout commerce
avec elle.

1808. Napoléon commence en *Espagne* une longue et sanglante guerre, qui sera la cause de
tous ses malheurs. En même temps, cinquième

coalition ; l'Autriche est battue à *Wagram* (1809).
L'Empereur entre à Vienne ; la moitié de l'Europe
lui appartient. En 1810, il épouse la fille de l'empereur d'Autriche. La Russie veut se soustraire
aux obligations du blocus de l'Angleterre : Napoléon l'envahit (1812) et entre à *Moscou*, mais les
Russes incendient leur capitale, l'empereur est
obligé de battre en retraite, et cette *retraite de
Russie*, au cœur d'un terrible hiver, se change en
une affreuse déroute. L'Europe se coalise une
sixième fois ; renforçant les débris de son armée
de nouveaux conscrits que sa présence suffit à
électriser, Napoléon remporte de nouvelles victoires (1813) mais il est battu à *Leipsig*.

Les armées ennemies entrent en France à sa
suite. Réunissant les dernières ressources de la
patrie, il défend pied à pied son territoire dans
l'admirable campagne de 1814. Mais Paris assiégé
capitule ; la France est à bout de forces ; l'empereur abdique (1) et se retire à *l'île d'Elbe*, tandis
que le frère de Louis XVI rentre en France sous
le nom de *Louis XVIII*. Le nouveau roi, ramené
par l'étranger, devient bientôt impopulaire. En
mars 1815, Napoléon revient en France. On l'y
accueille avec enthousiasme, mais l'Europe, qui
tremble à son seul nom, se coalise pour la sep-

---

(1) On dit qu'un roi ou un empereur abdique, quand il
abandonne volontairement le pouvoir.

tième fois : c'est la fin ! Vainqueur à *Ligny* et à
Fleurus, l'Empereur est battu à *Waterloo ;* pri-
sonnier des Anglais, il est conduit dans l'îlot de

Frégate.

Sainte-Hélène, au milieu de l'Atlantique, et c'est
là qu'il meurt en 1821, après six longues années
de souffrances physiques et morales.

26. — La marine de 1806 a la fin de l'Empire. — Comme nous l'avons vu, les désastres

d'Aboukir et de Trafalgar avaient beaucoup diminué le nombre de nos vaisseaux. Aussi, après 1805, l'Empereur ne tenta-t-il plus de grandes opérations maritimes. Néanmoins, l'Angleterre ayant pris part à toutes les coalitions, il y eut de nombreux combats isolés. Citons en quelques-uns.

1806. L'amiral *Linois*, au retour d'une campagne dans les mers de l'Inde, est pris avec sa division après un beau combat contre une escadre anglaise, auprès du cap de Bonne-Espérance.

1809. Le commandant **Jurien de la Gravière**, attaqué avec trois frégates au mouillage des *Sables-d'Olonne*, par une division anglaise de force double, repousse l'ennemi après un brillant combat.

Une escadre de treize vaisseaux, au mouillage de l'*île d'Aix*, est attaquée par une flottille de brûlots anglais. Cinq vaisseaux perdus (carte B).

Une puissante flotte anglaise, portant une armée de quarante mille hommes, vient attaquer l'arsenal d'Anvers, commandé par l'amiral *Missiessy*. Cette tentative est repoussée et se termine par une retraite désastreuse (carte D).

1810. Les commandants **Duperré** et Pierre **Bouvet** écrasent, dans les brillants combats de *Grandport* (Ile de France) (1), la division anglaise de l'Océan Indien (carte G).

---

(1) Malgré les combats de Grandport, l'Ile-de-France est devenue anglaise en 1810. Elle s'appelle aujourd'hui l'ile *Maurice*.

4

1811. Mort du capitaine de vaisseau **Dubour-dieu**, tué au cours d'un combat dans la Méditerranée.

1814. Le commandant **Rolland**, avec le vaisseau *le Romulus*, repousse près des iles d'Hyères l'attaque de plusieurs vaisseaux anglais.

27. — SURCOUF. — C'est aussi sous l'Empire que se distingua le célèbre **Surcouf**. Né en 1773 à Saint-Malo, il était, dès l'âge de vingt ans, capitaine de corsaires, et écumait la mer des Indes.

Surcouf.

En 1795, avec le brick l'*Émilie*, de quatre canons, il capture un navire anglais de vingt-six canons, qu'il n'a attaqué que par mégarde, mais qui n'en est pas moins forcé de se rendre.

En 1800, il commande la *Confiance*, de dix-huit canons, toujours dans l'Océan Indien. La plus belle prise de cette campagne est le *Kent*, vaisseau de trente-huit canons, dont il s'empare après un terrible abordage. En 1807, nouvelle campagne, nouveaux succès. Surcouf mourut en 1827 à Saint-Malo, où il était commandant de la garde nationale.

28. — LES MARINS DE LA GARDE. — On ne peut manquer de dire aussi quelques mots de ce magnifique corps des *marins de la garde impériale*, que Napoléon avait fait recruter dans l'élite des équipages, et auquel il avait donné un joli uniforme bleu de ciel. Ces marins, bons à tout, fantassins, artilleurs, pontonniers, (1) rendirent les plus grands services. Ils se signalèrent en Autriche, en Espagne, en Russie, surtout sur les fleuves, où Napoléon aimait à armer des petites flottilles. Ils combattirent auprès de l'Empereur jusqu'aux derniers jours. Le capitaine de vaisseau *Baste*, qui les commandait pendant la campagne de France, fut tué au combat de *Brienne* (1814).

LECTURE 6.

ÉPISODES DE LA BATAILLE DE TRAFALGAR (2).

Le contre-amiral Magon monte l'*Algésiras*, de soixante-quatorze canons. Il rencontre le *Tonnant* de quatre-vingts canons, autrefois français, devenu anglais à Aboukir. Pendant qu'il se défend contre trois vaisseaux, Magon est abordé par l'équipage du *Tonnant*. Il le reçoit à la tête de ses matelots, et lui-

---

(1) Dans les armées, on appelle *pontonniers* des soldats chargés d'établir rapidement des ponts soit avec des madriers, soit avec des bateaux, sur les fleuves que les troupes doivent traverser.
(2) Extraits de *Gloires et souvenirs maritimes*, par Maurice Loir. (Hachette et Cie, éditeurs.)

même, une hache d'abordage à la main, il repousse les Anglais. Son capitaine de pavillon, *Letourneur*, est tué à ses côtés. Magon, que son uniforme désigne aux coups de l'ennemi, reçoit une balle au bras. Il ne tient aucun compte de cette blessure et reste à son poste. Un second projectile vient l'atteindre à la cuisse. Ses forces commencent à l'abandonner. On le supplie de descendre au poste des blessés. Il se rend aux prières qu'on lui adresse. Appuyé sur deux matelots, il descend dans le faux-pont. Mais les flancs déchirés du navire donnent un libre passage à la mitraille. Magon reçoit un biscaïen dans la poitrine et tombe foudroyé sous ce dernier coup.

Infernet commande l'*Intrépide*, de soixante-quatorze canons. Il a affaire à deux, puis à trois, puis à quatre et à cinq vaisseaux. Commençant à couler, réduit comme mâture à son grand mât, l'*Intrépide* crible encore de ses coups un vaisseau de cent vingt canons. Infernet, sollicité de se rendre, s'écrie indigné, en abattant d'un coup de sabre la pomme qui garnit une rampe d'escalier : « Le premier qui parle d'amener, je lui f... la tête à bas comme ça. »

La canonnade, la fusillade redoublent donc à bord de l'*Intrépide* ; l'eau monte de plus en plus dans la cale ; ce n'est qu'au moment où le vaisseau va s'engloutir qu'Infernet se décide à amener glorieusement son pavillon. La moitié de son équipage était hors de combat.

Serré entre deux vaisseaux à trois ponts, le *Redoutable*, commandant *Lucas*, avec les quelques pièces qui n'ont pas été démontées et un équipage décimé, soutient encore la lutte. Mais voilà qu'un troisième vaisseau vient à portée de pistolet le prendre en enfilade. La résistance ne pouvait plus guère se pro-

longer ; Lucas n'eut pas la douleur d'amener son
pavillon qui tomba avec le mât d'artimon. « Après
le combat, dit-il dans son rapport, presque toutes les
pièces étaient démontées ; l'une des murailles presque
démolie ne formait plus qu'un sabord. Le gouvernail
était hors de service ; plusieurs trous de boulets,
placés à la ligne de flottaison, laissaient entrer dans
la cale l'eau en abondance. Tout l'état-major était
blessé ; dix aspirants sur onze étaient frappés à
mort. Sur six cent quarante-cinq hommes d'équipage, cinq cent vingt-deux étaient hors de combat.
Quiconque n'a pas vu dans cet état le *Redoutable* ne
pourra jamais se former une idée de son désastre ».
Le *Redoutable* coula dans la nuit qui suivit la
bataille.

4.

CHAPITRE VII

LOUIS XVIII (1815-1824)
CHARLES X (1824-1830).
LOUIS-PHILIPPE (1830-1848)

DUMONT-D'URVILLE, DUPERRÉ. PRINCE DE JOINVILLE.
AMIRAL BAUDIN.

29. — PROGRÈS SCIENTIFIQUES ET MILITAIRES. — Louis XVIII trouvait, en reprenant le pouvoir, une marine encore assez puissante, que l'Empereur s'était efforcé de réparer ; nous avions quatre-vingt-dix vaisseaux et cinquante frégates environ. Les états-majors et les équipages étaient excellents : tout cela ne resta pas inactif.

Dumont d'Urville.

De nombreuses campagnes scientifiques furent faites à cette époque, surtout dans les îles du Pacifique, encore peu connues. Le principal de ces navigateurs fut **Dumont d'Urville** qui mourut contre-amiral.

Sous *Charles X*, on installa l'École des officiers de marine à bord d'un vaisseau en rade de Brest. C'est ce système qui existe encore aujourd'hui (le *Borda*).

Sous le roi *Louis-Philippe*, la marine fit de grands progrès. L'un des fils du roi, le prince de *Joinville*, était of

ficier de marine, et bien que sa nais-sance lui eût procu-ré un avancement extraordinaire, ce n'en était pas moins un très bon marin, aussi instruit que brave. Il étudia surtout la naviga-tion à vapeur, dont

Prince de Joinville.

l'usage s'étendit grâce à lui dans notre flotte. Il fut un des premiers commandants en chef de l'escadre de la Méditerranée, créée par les amiraux **Lalande, Hugon, Parseval** et **Baudin** (1).

30. — Opérations militaires. Expédition d'Espagne. 1823 (carte B). — Elle fut faite en vue de soutenir le roi de ce pays, dont le peuple s'était révolté. Le duc d'Angoulême, neveu de Louis XVIII, conduisait l'armée, tandis que le

---

(1) Le prince de Joinville est mort en juillet 1900.

contre-amiral **Duperré** bloquait les côtes avec
une forte division. L'escadre et l'armée se rejoi-
gnirent devant *Cadix*, dernier refuge des rebelles.
Les forts avoisinant la ville furent bombardés par
terre et par mer, puis pris d'assaut. Ce fait d'armes
mit fin à l'insurrection.

31. — GUERRE DE GRÈCE. BATAILLE DE NAVA-
RIN. 1827 (carte C). — La Grèce, qui n'était à cette
époque, et depuis bien longtemps, qu'une province de l'empire Turc, cherchait à se rendre indé-
pendante. En 1821, un soulèvement terrible avait
eu lieu, et en 1827 la guerre durait toujours,
accompagnée de massacres et de ravages de
toutes sortes. La France, l'Angleterre et la Russie
s'interposèrent. Au mois d'octobre 1827, l'amiral
anglais Codrington qui commandait en chef une
escadre combinée (1) de cent vingt navires, écrasa
dans la baie de **Navarin** la flotte turque dont tous
les bateaux brûlèrent ou allèrent à la côte. En
1829, la Turquie reconnut l'indépendance des
Grecs.

Peu de jours après la bataille de Navarin, un
enseigne français, nommé **Bisson**, chargé du
commandement d'une prise, fut assailli par une
nuée de pirates contre lesquels ses quinze hommes

---

(1) On appelle escadre combinée une escadre formée par
la réunion de plusieurs autres appartenant à des nations
différentes. A Navarin, la division française était sous les
ordres de l'amiral *de Rigny*.

ne pouvaient rien faire. Plutôt que de se rendre, il fit sauter son bateau. La ville de Lorient lui a élevé une statue.

32. — CONQUÊTE DE L'ALGÉRIE (carte C). — Nous avons vu sous Louis XIV, les *deys d'Alger*, coupables de piraterie dans la Méditerranée, châtiés par nos escadres sous les ordres de Duquesne et de Tourville. En 1830, Charles X, qui avait eu de nouveau à se plaindre des Algériens, se résolut à une action vigoureuse et définitive. Le général *Bourmont*, avec trente-sept mille hommes, fut débarqué à peu de distance d'Alger, par le vice-amiral *Duperré*, et s'empara de la ville. Cette opération, rondement menée par l'armée et la flotte, marqua le commencement de la conquête de l'Algérie, qui a duré jusqu'en 1847, et qui fut l'œuvre des généraux ou maréchaux *Clauzel*, **Bugeaud**, *Valée* et *duc d'Aumale* (1), ainsi que des vaillantes troupes spéciales qu'ils organisèrent (*zouaves, turcos, légion étrangère, chasseurs d'Afrique*). La marine eut souvent à intervenir en Algérie. Ce fut elle notamment, qui prit la ville de *Bône*.

Aujourd'hui l'Algérie est en pleine prospérité, et fait en quelque sorte partie du territoire français.

----

(1) Le duc d'Aumale, fils du roi Louis-Philippe, est mort en 1897. L'âme de la résistance de l'Algérie fut Abd el Kader, qui combattit de 1834 à 1847, et que le général *Lamoricière* finit par forcer à se soumettre.

33. — FORCEMENT DE L'ENTRÉE DU TAGE. 1831.
— Les Français établis dans le *Portugal* ayant
eu à se plaindre du gouvernement de ce pays,
Louis-Philippe envoya l'amiral *Roussin* devant
Lisbonne avec dix bâtiments. L'amiral força l'entrée du Tage malgré les batteries et les bancs de
sable qui la défen-
daient; il captura
toute la flotte por-
tugaise, et menaça
la ville d'un bom-
bardement. Le gou-
vernement portu-
gais s'empressa de
nous donner satis-
faction.

34. — EXPÉDI-
TION DE LA VERA·
CRUZ (1838) (carte F). — En 1838, ce fut le tour
de la République du *Mexique*. Elle aussi avait
molesté nos nationaux. L'amiral *Baudin*, avec
une forte division, alla bombarder le fort de *Saint-
Jean-d'Ulloa*. et entra de vive force dans la ville
de la *Vera-Cruz*, à la tête de ses compagnies de
débarquement. Le prince de Joinville, alors âgé
de vingt ans, faisait partie de l'expédition,
comme commandant de la corvette *la Créole*. Il
en a laissé un amusant récit, dont on trouvera
quelques extraits à la fin du chapitre.

Baudin.

35. — Expédition du Maroc (1844). — Les Marocains avaient pris parti pour les Algériens ; le maréchal *Bugeaud* et le prince de Joinville furent chargés de les combattre. Pendant que Joinville bombardait *Mogador* et *Tanger*, le maréchal Bugeaud battait l'armée marocaine sur les bords de la rivière **Isly**; le Maroc mit bas les armes (carte B).

Combat d'Obligado (1845). — Des troubles ayant éclaté dans l'Amérique du Sud, la France et l'Anterre furent amenées à intervenir contre la *République Argentine*. Une escadrille combinée, sous les ordres du commandant **Tréhouart,** remonta le *Parana*, et livra le sanglant combat d'**Obligado**. Tréhouart eut une conduite héroïque. Cette affaire eut pour résultat l'ouverture du *rio de la Plata* au commerce européen (1) (carte A).

36. — Retour des cendres de Napoléon Ier (1840). — C'est le prince de Joinville qui fut chargé d'aller chercher, à l'île Sainte-Hélène, les restes de l'empereur Napoléon Ier, qui avait exprimé le désir d'être enterré sur les bords de la Seine, au milieu du peuple français. La frégate la « *Belle-Poule* » que commandait le prince, accomplit sa

---

(1) C'est encore aujourd'hui un des points avec lesquels notre pays fait le plus de commerce (Compagnies des Chargeurs réunis, des Messageries maritimes, des Transports maritimes, etc.).

C'est au combat d'Obligado que *l'infanterie de marine,* nouvellement créée, reçut le baptême du feu.

mission sans encombre, et le 15 décembre 1840, les restes de l'Empereur étaient déposés dans la chapelle des *Invalides*, à Paris. Ce fut une magnifique cérémonie. L'équipage de la « *Belle-Poule* », en armes, entourait le char funèbre.

LECTURE 7.

LE COMBAT DE LA VERA-CRUZ.

Le 1er septembre, je sortais de Brest sous les ordres de l'amiral Baudin, un homme qui avait derrière lui toute une carrière de vaillance. Il avait son pavillon sur la frégate la *Néréide*. Je suivais sur une petite corvette dont on m'avait donné le commandement, et dont je venais de faire le rapide armement. Elle s'appelait la *Créole*; j'avais vingt ans.

Après une rapide traversée, nous arrivons à la Vera-Cruz. Peu de jours après la danse commença. L'amiral embossa les trois frégates *Néréide*, *Gloire*, *Iphigénie*, et attaqua le fort de Saint-Jean-d'Ulloa. Je lui avais demandé à être de la fête, et à ma grande douleur il m'avait refusé, trouvant mon bateau trop insignifiant. Il m'envoya en observation pour juger le tir.

L'amiral fait le signal d'ouvrir le feu. En un instant la fumée m'enveloppe. Non seulement je n'y vois plus pour observer le tir, mais je n'y vois plus pour me conduire. Je vois monter à la surface la vase que je remue avec ma quille. Impossible de rester en pareille situation. Je me couvre de voiles, et sortant de la fumée, je redemande par signal à l'amiral la permission de prendre part au combat. Il s'attendrit et répond par le bienheureux Oui! Je vais me poster au bout de la ligne des frégates, où je restai sous voiles, faisant aussi mon petit tapage.

Dans la nuit le fort se rendit.

À peine cinq jours s'étaient-ils écoulés depuis la prise du fort, que nous apprîmes que les Français couraient de grands dangers en ville. Santa Anna venait d'arriver avec des troupes, déclarait la convention nulle; il fallait s'attendre à tout. Avec sa résolution habituelle, l'amiral prit de suite le parti de devancer l'action de l'ennemi. Les embarcations de l'escadre amenèrent à terre, pendant la nuit, toutes les compagnies de débarquement. Ma compagnie, de soixante hommes environ, faisait partie de la troisième colonne, chargée de faire sauter la porte de la Marine, et de se diriger sur le quartier général de Santa Anna, pour essayer de s'emparer de sa personne.

La colonne se forme; les sapeurs font sauter un des battants de la porte : En avant! Vive le Roi! Pas un chat dans la rue. Nous prenons au pas gymnastique une rue qui nous conduit à une autre porte; tout à coup nous recevons une décharge de mousqueterie d'environ cent cinquante soldats qui disparaissent : c'est la grand'garde du quartier général. Nous courons après elle et nous arrivons à temps pour voir les derniers d'entre eux pénétrer dans une grande maison; une vive fusillade part du premier étage dès que nous entrons dans la cour. Il n'y a pas à hésiter : il faut monter là-haut. Un escalier étroit est le chemin à suivre. Eh bien! chacun doit confesser ses faiblesses. Quand je vis cet escalier où je devais monter le premier, pour arriver là-haut et y

5

recevoir tout seul la première décharge j'eus une
seconde d'hésitation, et je m'écriai en agitant mon
sabre : « Les hommes de bonne volonté, en avant ! »
Mon fourrier, un Parisien, se précipita alors sur
l'escalier, et sa vue me rendant au sentiment de mon
devoir, je me précipitai à mon tour. Nous luttâmes
d'enjambées, et j'eus la satisfaction d'arriver en haut
bon premier, suivi par toute ma compagnie.

D'abord nous nous trouvâmes dans une espèce de
vestibule, recevant à travers la porte des coups de
fusil mal dirigés. Chacun travaillant pour son
compte, je me jetai avec un second maître, nommé
Jadot, contre une porte que nous défonçâmes à coups
d'épaule. Quand elle céda, je fus projeté en avant par
mes hommes qui se pressaient derrière moi, et lancé
dans une salle pleine de fumée et de soldats mexi-
cains. Un d'eux, en uniforme blanc à épaulettes
rouges, dont je vois encore les cheveux plats et l'œil
mauvais, me tenait en joue et me mit le canon de
son fusil presque sur la figure. J'eus le temps de me
dire : « Je suis f.... » Mais non ! le fusil me tomba
sur le pied, et je vis mon homme rouler sur un
canapé, emportant avec lui, tordu entre ses côtes,
le sabre que mon lieutenant Penaud, prompt comme
l'éclair, lui avait passé à travers le corps. Je crois
que je me défis ensuite moi-même d'un autre grand
diable, puis, l'élan étant donné, tout fut culbuté et
je me trouvai dans une autre grande salle au
fond de laquelle je vis plusieurs officiers, dont un
général, debout, le sabre au fourreau, très calmes.
Je me précipitai en avant avec maître Jadot pour les
protéger contre mes hommes, un peu excités, et la
lutte cessa. Le général, un grand blond beau garçon,
me remit son sabre, et je le fis conduire en bas.

Quant à Santa Anna, nous ne le trouvâmes plus; son lit était encore chaud; nous prîmes ses épaulettes, sa canne de commandement, et maître Jadot, qui avait perdu son chapeau de paille dans la bagarre, se coiffa de son chapeau.

Le retour se fit sans difficultés, hors le dernier moment, quand il ne restait plus sur le môle que l'amiral et quelques officiers. On entendit alors en ville un grand bruit d'acclamations et d'instruments guerriers. C'était Santa Anna qui arrivait pour jeter les Français à la mer. Il déboucha à cheval sur le môle, à la tête de ses hommes. Mais les chaloupes des frégates tirèrent à mitraille sur cette tête de colonne et jetèrent tout par terre, Santa Anna et le reste.

Prince de Joinville, Vieux souvenirs.
(Calmann-Lévy, éditeurs).

LECTURE 8.

HÉROÏSME DE L'ENSEIGNE BISSON. (5 NOVEMBRE 1827.)

Un brick pirate, le *Panayoti*, venait d'être pris par la gabare la *Lamproie*, mais comme cette dernière avait un équipage peu nombreux, elle laissa sa prise à la frégate la *Magicienne*, qui se chargea de l'armer pour la conduire à Smyrne. Quinze hommes commandés par l'enseigne Bisson y furent embarqués. Le mauvais temps contraignit bientôt Bisson à s'arrêter à Stampalie, seul port qu'il eût sous le vent, et qui était réputé pour servir de retraite aux forbans.

Dans la nuit, un de ses prisonniers s'étant échappé, il ne douta plus qu'il allait être attaqué par les pirates quand ils apprendraient le petit nombre d'hommes qui formaient son équipage. Bisson rassemble

alors ses matelots, les prépare à un combat à ou-
trance, leur déclare son intention de ne pas se rendre
à des bandits, qui les assassineraient lorsqu'ils
seraient tombés en leur pouvoir, et convient avec son
second, le pilote *Trémentin*, que le dernier des deux
qui survivrait ferait sauter le bâtiment, lorsque les
Grecs en seraient possesseurs.

Ses prévisions se réalisèrent la nuit suivante. Cent
cinquante hommes vinrent l'attaquer par l'avant, lui
ôtant la ressource qu'il pouvait tirer des quatre
pièces de canon dont était armé le brick. Cependant,
à la tête des siens, il opposa aux agresseurs la plus
vigoureuse résistance, et ce ne fut qu'en passant sur
le corps de dix matelots français que les Grecs, après
avoir perdu beaucoup de monde, furent maîtres du
navire. Bisson blessé, voyant que tout était perdu,
ordonne aux cinq matelots qui lui restent de se jeter
à la mer pour tâcher de gagner la côte à la nage.
Quant à lui, armé d'un pistolet, il descend dans la
chambre où se trouvaient plusieurs barils de poudre,
en disant: « Adieu, pilote, je vais tout finir. » De dessus
le pont le pilote lui tient la main, et lorsque tous les
Grecs furent montés à bord, au signal de Trémentin,
il fait feu et saute avec son navire.

Le plus heureux hasard voulut que le pilote fut
lancé à la mer, étourdi de sa chute, mais seulement
avec un bras contusionné. Le froid rappela rapidement ses esprits, et sur un débris du bâtiment il parvint à gagner le rivage. Les habitants de Stampalie
recueillirent nos six braves. Trémentin fut nommé
enseigne de vaisseau le 9 mars 1828.

J. Kerviler, Souvenirs d'un vieux capitaine
de frégate.

(Champion, éditeur.)

CHAPITRE VIII

NAPOLÉON III (1852-1870)

Amiraux Hamelin, Parseval, Charner, Pothuau, Jauréguiberry.

Les principales opérations sous le gouvernement de Napoléon III furent : la guerre de *Crimée*, la guerre d'*Italie*, les expéditions de *Chine*
et de *Cochinchine*, l'expédition du *Mexique* et
la guerre avec l'*Allemagne*.

38. — Guerre de Crimée (1854-1856) (carte B).
— Cette guerre fut faite par la France et l'Angleterre pour protéger les Turcs en butte aux attaques
continuelles de la Russie. Après quelques opérations préliminaires sans importance, on décida
d'attaquer *Sébastopol*, place forte située dans la
presqu'île de *Crimée* (mer Noire). La flotte combinée, sous les ordres des amiraux **Hamelin** et
Dundas, débarqua soixante mille soldats anglais
et français, qui dès le lendemain remportaient
sur les Russes la brillante victoire de l'**Alma**.
Les Russes s'enfermèrent dans Sébastopol; ils
coulèrent des bateaux à l'entrée du port, mirent
leur escadre à l'abri, et débarquèrent leurs équipages pour armer les batteries. Le siège com-

mença en octobre 1854. Il fut long et pénible. Les rigueurs de l'hiver, le choléra faisaient de nombreuses victimes. La flotte avait à assurer les communications, l'arrivée des renforts; un certain nombre de marins, débarqués, servaient dans les batteries à terre. Enfin, en septembre 1855, après un an de résistance, Sébastopol succomba (1).

La flotte, que commandait maintenant l'amiral **Bruat,** alla bombarder le port de *Kinburn*; c'est là que des navires cuirassés combattirent pour la première fois. Ce n'étaient encore que des *batteries flottantes,* mais elles firent merveille. Dans la Baltique, l'amiral **Parseval** détruisit l'arsenal de *Bomarsund.*

Cette guerre, très glorieuse pour nos armes, se termina en 1856 par le traité de Paris.

39. — GUERRE D'ITALIE (1859). — La marine n'intervint pas dans cette guerre très courte, qui eut pour résultat l'indépendance du peuple italien jusqu'alors soumis en partie à l'Autriche. Notre armée remporta les brillantes victoires de *Montebello*, **Magenta** et *Solférino.*

40.—EXPÉDITIONS EN EXTRÊME-ORIENT (carte E).

---

(1) L'armée de Crimée fut commandée successivement par le *maréchal de Saint-Arnaud,* le *général Canrobert* et le *général Pélissier.* Dans cette guerre il n'y eut aucune animosité entre Français et Russes; au contraire ils profitaient de toutes les suspensions d'armes pour fraterniser ensemble.

Capitaine de vaisseau et matelot (1860).

— a) *Chine*. — En 1860, les Chinois ayant violé des traités passés avec la France et l'Angleterre, et massacré les représentants des deux nations, une grande expédition fut décidée. — Les forces françaises étaient sous les ordres de l'amiral **Charner** et du général *Cousin-Montauban*. La campagne fut vigoureusement menée ; la victoire de *Palikao* et le pillage du *Palais d'Été* décidèrent l'empereur chinois à demander la paix. Une indemnité nous fut accordée, et plusieurs ports chinois furent ouverts au commerce européen.

b) *Cochinchine*. — Les mauvais procédés de l'empereur d'*Annam* à l'égard des missionnaires catholiques obligèrent la France à intervenir. En 1859, l'amiral **Rigault de Genouilly** s'empara de *Saïgon*. En 1861, au retour de sa campagne de Chine, l'amiral Charner vint prendre d'assaut les fortifications de *Kihoa*, d'où les Annamites menaçaient Saïgon. Il s'empara de *Mytho*. En 1865, l'amiral *La Grandière* termina la conquête de notre colonie de Cochinchine, et le *Cambodge* se plaça sous notre protectorat.

41. — EXPÉDITION DU MEXIQUE (1861-1867). — Des Européens ayant été l'objet de mauvais traitements de la part de la République du *Mexique* (carte F), la France, l'Angleterre et l'Espagne s'emparèrent de la *Vera-Cruz* (amiral **Jurien de la Gravière**, général *Lorencez*). Le Mexique donna aussitôt toutes les satisfactions réclamées.

Mais Napoléon III, qui voulait faire de ce pays un empire pour l'archiduc *Maximilien*, frère de l'empereur d'Autriche, continua la guerre. Elle fut très pénible pour la marine comme pour l'armée. *Puebla* et *Mexico* tombèrent enfin en notre pouvoir (1863). L'archiduc fut proclamé empereur (1864), mais dès que Napoléon III crut pouvoir rappeler ses troupes, le peuple mexicain se révolta, et le malheureux Maximilien fut pris et fusillé (1867).

Jurien de la Gravière.

42. — GUERRE FRANCO-ALLEMANDE (1870-1871). — Ici nous touchons à l'une des pages les plus douloureuses de notre histoire. Cette malheureuse guerre, à laquelle la France n'était pas préparée, est trop connue de tous pour que nous en fassions le récit. Nous dirons quelques mots seulement de ce qu'y firent les marins.

L'Allemagne n'avait pour ainsi dire pas de marine à cette époque; aussi nos escadres n'eurent-elles pas grand'chose à faire sur mer. C'est surtout après les grands désastres de *Metz* et de *Sedan*, qui privèrent la France de toute son armée de première ligne, que les matelots, débarqués et

5.

servant comme fantassins et artilleurs à Paris ou dans les armées de province, firent apprécier leur esprit de discipline et leur résistance à toutes les fatigues.

A *Bazeilles*, *l'infanterie de marine*, luttant jusqu'au dernier homme avec une incroyable ténacité, contre des masses allemandes toujours renforcées, s'acquiert une gloire immortelle, et arrache à ses ennemis des cris d'admiration.

Au siège de Paris les marins, sous les amiraux *Saisset*, *La Roncière*, **Pothuau** arment les forts et prennent une part glorieuse à toutes les sorties. Les défenseurs du fort de *Montrouge*, sous les ordres du capitaine de vaisseau *Amet*, firent une résistance particulièrement héroïque.

Sur la *Loire*, à l'armée du général **Chanzy**, les matelots sont encore là ; les amiraux *Jaurès* et **Jauréguiberry**, le commandant *Gougeard* remplissent les fonctions de généraux. De même à l'armée du Nord, sous le général *Faidherbe*.

Les marins furent aussi chargés de la manœuvre des *ballons* au moyen desquels on cherchait à maintenir les communications entre Paris assiégé et la province. Le matelot *Prince*, parti de Paris de cette manière, ne fut jamais revu.

Malgré la bravoure de nos troupes, malgré l'énergie des chefs, malgré les efforts désespérés et la résistance jusqu'au bout, la France, écrasée par le nombre, sortit mutilée de cette terrible guerre : *le traité de Francfort lui enleva l'Alsace et une partie de la Lorraine.*

Ces deux provinces appartiennent encore à l'Allemagne aujourd'hui.

LECTURE 9.

LE BOMBARDEMENT DE SÉBASTOPOL.

Le 17 octobre, à six heures et demie du matin, commence le premier bombardement de Sébastopol par terre et par mer. Quatorze vaisseaux français s'embossent devant les forts du sud, pendant que les vaisseaux anglais s'embossent devant les forts du nord. A une heure, le vaisseau-amiral donne le signal : Commencez le bombardement ! Des explosions formidables partent de chaque vaisseau, couvrant au loin la côte de fumée, les forts de boulets. Les batteries russes ripostent avec une extrême énergie. Nos équipages montrent du reste dans cette lutte un héroïsme qu'exalte le voisinage des Anglais, leurs rivaux séculaires. Le vaisseau-amiral la *Ville-de-Paris* reçoit cinquante boulets dans sa muraille et cent boulets dans le gréement. Le vice-amiral Hamelin est sur le pont avec son état-major à une heure trente-cinq minutes, lorsque deux boulets arrivent coup sur coup, et qu'une bombe, éclatant dans la chambre du commandant, fait sauter le pont et la dunette. Un lieutenant de vaisseau, M. Sommerville, est coupé en deux et lancé à la mer ; un aspirant est également tué. Trois aides de camp de l'amiral, le commissaire d'escadre et plusieurs aspirants sont blessés. L'un des aides de camp, le lieutenant de vaisseau Zédé, a les deux jambes fracassées par un éclat de bois.

L'amiral reste, sans rien perdre de son calme, sur les débris de la dunette, et continue à donner ses ordres.

Le *Montebello* et le *Charlemagne* reçoivent de graves avaries. A bord du premier, un enseigne a les deux jambes brisées, et un aspirant a la tête emportée par un boulet. Les marins débarqués à terre se signalent le même jour dans leurs batteries et éprouvent des pertes cruelles. La batterie d'obusiers établie contre les ruines du fort Génois sous les ordres du lieutenant de vaisseau de Penhoat excite l'admiration de toute l'armée. Bientôt toutes les pièces sont démontées, à l'exception d'une seule que manœuvrent quelques rares survivants. L'intrépide Penhoat, assis sur un débris d'affût, dirige le tir de cet obusier, qui dure jusqu'au lendemain, et refuse de quitter son poste. — « Je tiendrai ma position, dit-il, tant qu'il me restera un servant et une gargousse. » Le général Canrobert va lui-même donner à ce brave officier l'ordre de cesser le feu et le trouve noir de poudre au milieu des marins qui lui restent. Le général en chef mit à l'ordre du jour la batterie n° 6 du fort Génois.

Dick de Lonlay, les *Marins français.*
(Garnier, éditeurs.)

LECTURE 10

L'amiral Jauréguiberry a l'armée de la Loire.

L'amiral Jauréguiberry fut envoyé à l'armée de la Loire comme commandant d'une division. Il y devint plus tard commandant du 16e corps d'armée sous les ordres du général Chanzy. La guerre de 1870 l'a placé hors de pair. Pendant toute cette campagne il a été admirable. Il était sans cesse occupé du bien-être des soldats, jamais du sien. Bien qu'il souffrit beaucoup du froid, et que la température de cet hiver fût exceptionnellement rigoureuse, il ne s'inquiétait jamais de son installation personnelle. N'importe quel toit lui suffisait, pourvu qu'il fût placé bien au centre de ses divisions, à un point lui permettant d'exercer une surveillance de chaque instant.

Pendant l'action, on le voyait partout, même sur la ligne des tirailleurs, soutenant les soldats par sa présence, excitant leur courage par ses paroles. Au combat de Vendôme, comme on lui faisait observer qu'il s'exposait beaucoup trop, il répondit qu'avec des troupes aussi jeunes et aussi inexpérimentées, la place du général devait être au premier rang.

Au lendemain de la bataille du Mans, où il donna tant de preuves de sa valeur, il réussit à communiquer à son corps un peu de sa ténacité et de sa résolution. De onze heures du matin jusqu'à minuit, il disputa le passage d'une vallée à un ennemi dont le nombre augmentait sans cesse. A ses côtés, le colonel Béraud, son chef d'état-major, était tué par un obus. Le même projectile traversait le cou du cheval de l'amiral, qui s'abattait sous son cavalier. On crut l'amiral mort et on se précipita pour le relever. L'instant d'après il continuait à donner des ordres avec un calme inaltérable...

A la tête de vieux soldats il eût été de taille à changer la face de la guerre, et eût acquis une des plus hautes renommées militaires qu'un homme puisse atteindre..

Contre-amiral Dupont, *Notice historique sur l'amiral Jauréguiberry.*

(Extrait de *Gloires et Souvenirs maritimes,* par M. Loir. Hachette et Cᵢₑ, éditeurs.)

LECTURE 11

LES MARINS AU SIÈGE DE PARIS.

La conduite et la bravoure des marins sont restées légendaires parmi la population parisienne. — Le 29 novembre 1870, les fusiliers-marins du contre-amiral Pothuau s'emparent de la Gare aux Bœufs, en avant de Choisy-le-Roi ; dans cet engagement ils perdent le capitaine de frégate Desprez, mortellement blessé, que le caporal d'armes Lelièvre va relever et emporte sous une grêle de balles.

Dans cette même affaire, signalons la brillante conduite du lieutenant de vaisseau Gervais, du sergent d'armes Pazzi, du fusilier breveté Chicot, et du capitaine d'infanterie de marine Soulié, grièvement blessé.

Tout le monde connaît l'attaque héroïque du *Bourget* (21 décembre 1870) par le bataillon du capitaine de frégate *Lamothe-Thenet.* Dès le début de l'action les marins enlèvent le cimetière et se ruent à la baïonnette sur le village où il font prisonniers une centaine d'hommes de la garde royale prussienne.

Pendant trois heures, les marins défendent les maisons du Bourget. Un enseigne de vaisseau, M. Caillard, cerné dans une maison avec quinze matelots, force les Prussiens à démolir les murailles pour triompher de sa résistance. Sur les six cents marins de cet héroïque bataillon, deux cent soixante-dix-neuf manquent à l'appel le soir du combat. Quatre officiers de marine sont tués, et quatre blessés. Le commandant Lamothe-Thenet a son cheval tué sous lui.

Citons aussi la brillante conduite du capitaine d'armes Joachim, de la 2ᵉ compagnie des fusiliers marins, de Saint-Denis, qui fait l'admiration de tous par sa bravoure au combat de l'Epinay.

Le 10 janvier 1871, dans une reconnaissance de nuit, en avant du fort d'*Issy*, une poignée de marins, conduits par un enseigne, enlève un poste de vingt et un Bavarois. Pendant le bombardement, le fort de Montrouge, devenu l'objectif des batteries prussiennes de la rive gauche, reçoit plus d'un millier d'obus. Pas une défaillance ne se produit parmi les vaillants canonniers, qui subissent des pertes cruelles. Trois capitaines de frégate y sont tués, entre autres le fils du vice-amiral Saisset.

Dick de Lonlay, les Marins français.

(Garnier, éditeur.)

CHAPITRE IX

DE LA FIN DU SECOND EMPIRE
A NOS JOURS (1871-1900)

FRANCIS GARNIER, HENRI RIVIÈRE, VICE-AMIRAL COURBET
GÉNÉRAL DODDS.

43. — EXPÉDITION DE TUNISIE (1881). — Depuis la guerre Franco-Allemande de 1870-1871, la France n'a été mêlée à aucune guerre européenne, mais les occasions n'ont pas manqué à nos marins de se signaler sous le feu de l'ennemi. En 1881, les populations du Sud de la Tunisie (carte C) s'étant révoltées contre notre protectorat, l'escadre de la Méditerranée, que commande l'amiral *Garnault*, est envoyée devant **Sfax**. Après un court bombardement, le corps de débarquement de l'escadre est mis à terre, et enlève la ville à la baïonnette. L'amiral Garnault se montre ensuite à **Gabès**, qu'il bombarbe et enlève également.

44. — LE TONKIN (1873-1885) (carte E). — En 1873, le lieutenant de vaisseau **Francis Garnier** commença la conquête du *Tonkin* avec une poignée de matelots et de soldats d'infanterie de marine ; il fut massacré, ainsi que son second, l'enseigne **Balny**, par les pirates du pays. En 1883, le commandant **Rivière**, le chef de bataillon *Berthe-de-Villers*, le capitaine *Jacquin* et l'aspirant *Moulun* tombaient à leur tour, au combat du

Pont-de-Papier,
sous les coups des
*PavillonsNoirs.*La
Chine ayant ouver-
tement soutenu les
pirates tonkinois, la
France se prépara
à la guerre et en-
voya en Extrême-
Orient le contre-
amiral **Courbet**, à
la tête d'une forte
division, d'une im-
portante flottille, et
d'un corps expédi-
tionnaire formé de

Le vice-amiral Courbet.

troupes de l'armée et de la marine. Le Tonkin faisant partie de l'empire d'*Annam*, Courbet bombarde d'abord les fort de *Thuan-an*, qui défendent *Hué*, capitale de l'empereur Tu-Duc. Les compagnies de débarquement et l'infan-terie de marine, sous les ordres du commandant Parrayon, occupent ces positions après un vigou-reux assaut. Devant ces mesures énergiques, le gouvernement annamite s'empresse de nous accor-der des satisfactions ; il s'agit maintenant de châtier les pirates du Tonkin. A la tête des troupes de terre, Courbet prend *Son-tay*, leur principale place forte (décembre 1883) ; au mois de février 1884, le général Millot lui succède dans le commandement des troupes ; nommé vice-amiral, Courbet établit le blocus des côtes annamites ; au mois de juin, alors qu'un traité venait d'être conclu avec la Chine et que tout semblait fini, un corps de mille Chinois attaque et massacre traîtreusement une colonne française de six cents hommes. Immédiatement, l'escadre de l'amiral Courbet (comprenant la division de l'amiral Lespès) appareille pour le Nord de la Chine et entre dans la *rivière Min*, où est concentrée, à *Fou-tchéou*, la majeure partie de la flotte chinoise (1). Pendant que l'amiral Lespès bombarde *Kélung* (île de Formose), Courbet anéantit l'escadre chinoise dans le combat du 23 août ; puis il descend la rivière Min en détruisant les nombreuses batteries qui hérissent ses bords. En récompense de ces beaux faits d'armes, l'amiral reçoit la plus haute distinction qui soit réservée aux officiers généraux, la *médaille militaire*.

Il se porte ensuite contre *Formose* : *Kélung* est enlevée le 2 octobre par l'infanterie de marine ; mais les compagnies de débarquement, trop peu

---

(1) C'est en pénétrant dans la rivière Min que l'*Hamelin*, commandant Roustan, subit l'accident dont on lira plus loin le récit détaillé.

nombreuses, sont repoussées par les Chinois à l'attaque de *Tamsui* (octobre 1884).

Pendant l'hiver, l'amiral maintient le blocus de l'île, opération rendue très pénible par le mauvais temps et les maladies. En février 1885, il apprend

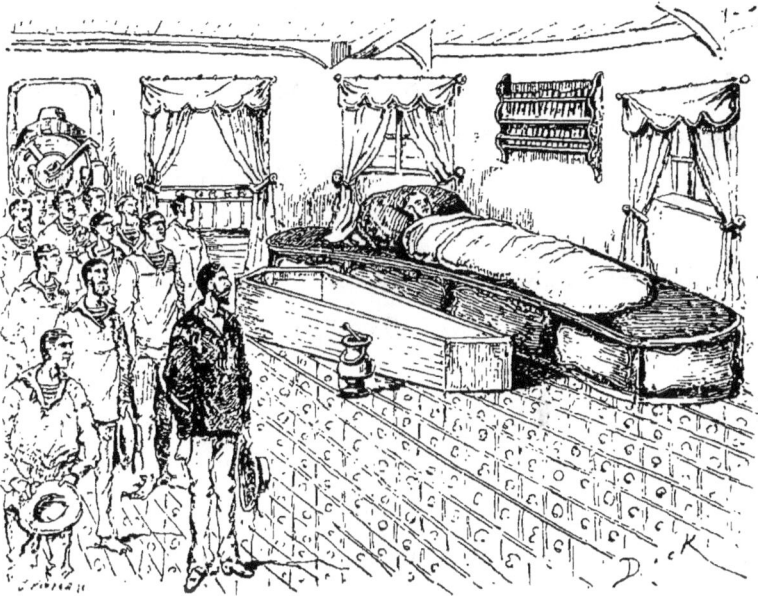

L'équipage du *Bayard* saluant le corps de l'amiral Courbet.

qu'une division de cinq croiseurs chinois se rend à Fou-tchéou ; laissant l'amiral Lespès à Formose, il se lance à la recherche de cette division, qui parvient à lui échapper; mais deux des croiseurs, le *Yuyen* et le *Tchenking*, réfugiés au mouillage de *Sheïpoo*, sont torpillés avec une audace incroyable par deux simples canots à vapeur sous les ordres du commandant *Gourdon* et du lieutenant de vaisseau *Duboc*.

Au mois de mars 1885, l'escadre attaque les *îles Pescadores* : l'infanterie de marine et les compagnies de débarquement de la *Triomphante* et du *d'Estaing* enfoncent à la baïonnette la garnison chinoise. Ce succès est la dernière victoire du vaillant amiral : il meurt peu de jours après, à bord du *Bayard*, emporté par les fièvres et les fatigues de cette dure campagne. Mais la paix venait d'être signée, et tous ces efforts n'étaient pas perdus : le Tonkin était désormais terre française.

45. — ÉVÉNEMENTS DU SIAM. — En 1893, le gouvernement siamois ayant soulevé des difficultés au sujet d'une question de frontière, l'aviso l'*Inconstant* et la canonnière la *Comète* (commandants Bory et Dartige du Fournet) entrent dans le Ménam (carte E) malgré le feu des forts et des navires, et vont hardiment mouiller devant *Bangkok*, capitale du royaume. Devant cette attitude énergique, le Siam n'insista pas : toutes satisfactions nous furent données.

46. — EXPÉDITION DU DAHOMEY. — En 1892, après une campagne meurtrière, brillamment conduite par le général *Dodds*, de l'infanterie de marine, le royaume de *Dahomey*, sur le golfe de Bénin, devint colonie française (carte A). Les canonnières *Corail* et *Opale*, commandées par les lieutenants de vaisseau de Fésigny et Latourrette, rendirent aux colonnes de précieux services en les ravitaillant et en exécutant des reconnaissances hardies sur le fleuve Ouémé.

47. — EXPÉDITION DE MADAGASCAR (1895-96). — Le général Duchesne fut chargé du commandement supérieur du corps expéditionnaire de Madagascar, où les troupes de la guerre et de la marine entraient par parties égales. Après de longues fatigues vaillamment endurées, nos troupes s'emparèrent de *Tananarive*, dont la prise mit fin à la résistance des Hovas. La division de l'Océan Indien, commandée par le contre-amiral *Bienaimé*, avait efficacement participé aux opérations par le bombardement de *Tamatave* et la prise de *Majunga*. Des canonnières spécialement construites pour Madagascar (*Brave*, *Éclatante*, etc) assurèrent les communications et le ravitaillement de la colonne (carte G).

La grande île, sous le gouvernement du général *Galliéni*, est devenue une colonie florissante et de très bel avenir.

LECTURE 12.

L'ÉCHOUAGE DE L' « HAMELIN ».

L'occupation de la rivière Min par l'escadre française débuta par un triste événement qui aurait pu se changer en désastre sans l'énergie et la valeur de quelques-uns. Le 14 juillet, à une heure de l'après-midi, l'*Hamelin* s'échoua avec une vitesse de douze

nœuds, dans la passe de Kimpaï, sur un banc de for-
mation nouvelle. Les voiles brassées à culer, la machine mise en arrière à toute vitesse ne réussirent
pas à déséchouer le navire. Comme il n'y avait plus
que trois quarts d'heure de flot, il fallut se résigner
à attendre la marée suivante pour essayer le ren-
flouement. La sonde indiqua que le bâtiment était
monté sur le dos d'âne du banc, où il reposait par
son milieu. A quatre heures le jusant s'établit, et
quand vers dix heures du soir la mer fut basse, le
banc découvrit complètement. La souille profonde
que le navire avait faite dans la vase le laissait
presque droit et rendait le béquillage inutile ; mais
sous le poids de l'avant et de l'arrière, le malheureux bâtiment qui ne portait sur le banc que dans la
maîtresse partie, se cassait en deux. L'effort de rup-
ture avait été tel que le pont supérieur, venant buter
sur le dessus des chaudières, éclatait sur l'avant du
grand mât dans presque toute sa largeur. La mem-
brure, entraînée dans ce mouvement, craquait de
toutes parts. C'était, dans le silence de la nuit, d'in-
cessantes détonations qui semblaient annoncer la
ruine du bâtiment.

A onze heures le jusant était fini ; la mer commençait à remonter, et filtrant par toutes les fissures
béantes de la coque, se précipitait dans la cale avec
violence. L'équipage, mis aux pompes, était insuffi-
sant pour arrêter l'envahissement des cales ; un
instant, on put croire qu'on allait être obligé de
renoncer à déséchouer le navire. Soudainement,
l'eau baissa dans la cale ; l'avant et l'arrière, relevés
par la mer, avaient, en se redressant, fermé sans
doute, en partie, les crevasses par où l'eau s'intro-
duisait à l'intérieur du navire, et les pompes pro-

duisaient quelque effet. Enfin, vers quatre heures
du matin, la machine étant lancée à toute vitesse,
le navire se déséchouait, puis faisait route pour le
mouillage de la Pagode, dont il était distant de
moins d'un mille. Mais les voies d'eau restaient toujours béantes, et pour actionner les pompes, la machine devait tourner sans cesse, même une fois le
bâtiment mouillé. Dans la soirée le *Volta*, portant
pavillon de l'amiral Courbet, rejoignait l'*Hamelin*
et lui apportait le secours de ses ouvriers et de son
personnel. Tandis qu'à l'intérieur on s'attaquait à
boucher les trous par où l'eau s'engouffrait, deux
bonnettes goudronnées étaient coulées sur les flancs
du navire, puis, pour obvier à la cassure, des
chaînes de cintrage étaient raidies en plusieurs
sens. C'étaient là les premiers remèdes qu'il conve-
nait d'appliquer à la grave blessure du bâtiment.
Aussi habilement ordonnées que rapidement exé-
cutées, ces réparations sommaires permirent à
l'*Hamelin*, trois jours après le déséchouage, de
quitter seul le mouillage de la Pagode, et de gagner
Matsou, sans même être convoyé... Après vingt
jours passés au bassin à Hong-Kong, l'*Hamelin* put
gagner Saïgon, où une réparation complète le mit
en état de servir, et de bien servir.

M. Loir, l'*Escadre de l'amiral Courbet*.

(Berger-Levrault, éditeur.)

LECTURE 13.

L'AMIRAL COURBET AU BLOCUS DE FORMOSE.

La sollicitude de l'amiral était si constante et si vive que le découragement ne s'emparait de personne. Chaque jour, malgré la pluie, malgré le vent, malgré la mer, malgré ses écrasantes occupations, il quittait le *Bayard* pour aller faire sa tournée aux ambulances ; avec un mot il redonnait confiance à ces pauvres gens, victimes de la fièvre ou de la dysenterie, et il se faisait un devoir de suivre jusqu'au cimetière le convoi de chaque officier mort à la peine. Il envoyait de temps en temps à terre la musique de son navire pour distraire un peu les malades et les convalescents. Aussi, malgré tout, le moral des troupes, comme celui des marins, se maintenait excellent. Les attentions que le chef prodiguait à tous en étaient seules la cause. On l'a dit excellemment, et il faut le répéter encore : « Ces milliers d'hommes qui se battaient ici avaient remis chacun sa propre existence entre les mains de ce chef, trouvant tout naturel qu'il en disposât quand il en avait besoin. Il était exigeant comme personne ; cependant contre lui on ne murmurait jamais, ni ses soldats, ni ses matelots. » Bien plus, la foi dans le succès final demeurait inébranlable.

M. Loir, *l'Escadre de l'amiral Courbet.*
(Berger-Levrault, éditeur.)

LECTURE 14

L'AMIRAL COURBET A FOU-TCHÉOU.

A Fou-Tchéou, l'amiral, au début de l'action, se tenait sur la passerelle du *Volta* où il avait arboré son pavillon. Au moment où il fit marquer le signal de commencer le combat, les Chinois qui, depuis quarante-trois jours, observaient notre escadre et connaissaient le costume de l'amiral, font pleuvoir sur ce point une grêle de projectiles. L'amiral descend de la passerelle pour aller visiter la batterie du pont. A peine a-t-il posé le pied au bas de l'échelle qu'un obus Krupp, venant d'une batterie de terre qui tire à moins de 300 mètres de distance, perce le masque en tôle du côté tribord et enfile toute la longueur de la passerelle. Ce projectile rase le commandant Gigon, du *Volta*, qui se tient à droite, et tue un des deux hommes de barre, ainsi que le pilote anglais Thomas.

L'amiral Courbet se rend alors à l'arrière du *Volta*, où le canon de retraite est installé sur un caillebotis à 30 centimètres du pont. Les Chinois dirigent leurs coups sur ce nouveau but et couvrent l'arrière du *Volta* de leurs obus. L'amiral se promène impassible, suivi de M. de Maigret, son chef d'état-major, et des lieutenants de vaisseau Ravel et Fabre de Lamaurelle, aides de camp, et chantonne entre ses dents. Un premier obus Krupp rase le bastingage à peu de distance de l'amiral. Presque aussitôt un second projectile frappe sur un des montants en cuivre de la passerelle du centre, au-dessus du panneau du carré des officiers, qui sert de passage des poudres. Cet obus éclate tue trois des marins

6

qui montent les projectiles, blesse un canonnier
d'une pièce de quatorze centimètres, et atteint en
outre M. Ravel et deux autres marins.

Le 25 août, quand l'amiral quitta le *Volta*, le
lieutenant de vaisseau de Lapéreyre, second de ce navire, vint lui offrir, au nom de l'équipage, un ruban
de matelot légendé. Il voulut prononcer quelques
paroles, mais l'émotion lui serrant la gorge, il ne
put que tendre le ruban à l'amiral, qui désormais le
porta toujours sur son chapeau de paille.

Dick de Lonlay, la *Marine française en Chine.*
(Garnier, éditeur.)

LECTURE 15.

L'AFFAIRE DE SHEIPOO.

... Après avoir reçu les adieux de M. le commandant Parrayon et des officiers du *Bayard*, M. le
commandant Gourdon, chef de l'expédition, et M. le
lieutenant de vaisseau Duboc, avant de descendre
dans les canots à vapeur, se serrent la main en se
disant : « Nous pouvons compter l'un sur l'autre,
nous ne nous lâcherons pas. » Il fait très froid ; le
thermomètre marque de trois à cinq degrés au des-
sous de zéro ; aussi embarque-t-on une gamelle de
thé punché dans chaque canot. La houle est grosse,
et le courant de jusant assez fort.

« En avant ! » commandent MM. Gourdon et Duboc ; et la flottille s'enfonce dans la direction de la
côte... Nombreuses péripéties avant d'arriver à
l'entrée de la passe de l'île de Sin. On se perd et
on se retrouve ; la ligne de roches et le petit masca-
ret sont enfin doublés. On navigue en peloton. En

tête, la vedette remorquant la baleinière, où se tient le commandant Ravel (qui a exploré et sondé la passe, et reconnu la veille les croiseurs chinois au mouillage). Par le travers et de chaque bord de la baleinière, les canots à vapeur.

Après trois heures et demie de marche, l'expédition arrive aux îlots qui terminent la passe à l'entrée de la baie intérieure de Sheïpoo. Là, les dernières dispositions sont prises, puis la flottille pénètre dans la baie. On s'avance à tâtons dans la direction probable où se trouvent les navires chinois; rien n'apparaît dans la direction de Sheïpoo. Après vingt minutes de marche à cette allure, une mâture se détache à grand-peine sur le ciel, au-dessus de la côte. C'est la frégate *Yu-yen*.

Le commandant Gourdon accélère aussitôt sa vitesse et appuie sur tribord. Le lieutenant de vaisseau Duboc, dont le canot a une machine des plus bruyantes, continue à marcher le plus doucement possible.

Il est quatre heures du matin. Tout est encore silencieux, sauf dans les canots où le bruit de ferraille des machines est quelque peu inquiétant.

La silhouette de la frégate grandit : on est environ à six cents mètres.

A deux cents mètres, le canot du commandant Gourdon pousse sa hampe et se lance à toute vitesse en prenant les trois mâts l'un par l'autre.

Soudain le couronnement de la frégate s'illumine ; le canot est découvert. « Le plus vite possible ! » puis « en arrière ! » Un grand choc se produit. Le commandant Gourdon tombe la tête la première sur les sacs de charbon, dans la chaufferie. Ses hommes le croient blessé, il n'en est rien heureusement.

L'intrépide officier se relève aussitôt et commande
en arrière, plus vite. Au choc, la frégate a été sou-
levée par l'explosion ainsi que le canot, dont la
teugue s'engage sous le cul-de-poule du *Yu-yen*, qui
retombe lourdement sur la carapace en tôle. Le
canot ne cule pas.

Le quartier-maître Rouiller monte sur la carapace
pour déborder avec les pieds. Un Chinois apparait à
un sabord et veut l'en empêcher ; d'un formidable
coup de poing, Rouiller le renfonce dans l'intérieur.

A ce moment, un jet de vapeur énorme s'échappe
du tiroir ; c'est le robinet graisseur qui a été cassé.
En même temps, on entend sur l'avant un cri de
douleur : un homme a été blessé. On croit que c'est
un mécanicien brûlé par la vapeur. Le commandant
Gourdon va voir sur l'avant, et constate dans l'obs-
curité que c'est le fusilier Arnaud qui a été atteint
par une balle. Le malheureux a été tué sur le coup.

On bouche le trou de la vapeur avec une baïonnette, puis avec un morceau de bois, pendant que
les torpilleurs déboulonnent la hampe, qu'on sup-
pose engagée sous la fesse de la frégate. La hampe
tombe à la mer, et bientôt le canot cule rapidement.

Au même instant, le canot du lieutenant de vaisseau Duboc, arrivant à toute vitesse, semble se pré-
cipiter au milieu des flammes. Il passe comme une
véritable salamandre pour fondre sur la hanche de
la frégate. Un choc se produit : la torpille fait explosion. L'arrière du *Yu-yen* retombe en s'inclinant sur
tribord, et en brisant une cornière de la carapace du
canot de M. Duboc.

A ce moment, le quartier-maître Rochedreux
ouvre le volet de l'avant de la teugue, déborde à la
main sur le cuivre de la frégate, et voit sauter en

l'air les tirailleurs chinois qui faisaient feu du haut du couronnement.

Le canot obéit à sa machine et s'écarte rapidement : la hampe est rentrée sans difficulté ; la machine est remise en avant à toute vitesse, et à droite toute ! Quelques instants après, il est rejoint par le commandant Gourdon, et les deux canots continuent à se retirer à toute vitesse.

Le feu des Chinois s'éteint peu à peu. Les deux officiers ont tenu parole : ils ne se sont pas quittés.

Par ce coup d'audace, deux petits canots à vapeur ordinaires, armés en porte-torpilles, avaient détruit une frégate de vingt-trois canons et six cents hommes d'équipage, et par contre-coup (1), une corvette de sept canons et de cent cinquante hommes.

Dick de Lonlay, la *Marine française en Chine*.

(Garnier, éditeur.)

LECTURE 16.

PRISE DES ÎLES PESCADORES.

Le 31 mars, les compagnies de débarquement de la *Triomphante* et du *d'Estaing*, sous les ordres de MM. Poirot et Pradère-Niquet, embarquent dans les canots du cuirassé, et se groupent avec la compagnie de débarquement du *Bayard* et la batterie de 65 millimètres commandée par M. le lieutenant de vaisseau Amelot. Elles vont aborder dans le fond

---

(1) Le *Tchen-King* ayant été trouvé coulé auprès du *Yu-yen*, on supposa que cette dernière frégate avait dû, dans l'émotion de l'attaque, canonner à bout portant la corvette mouillée près d'elle.

6.

du port, où elles rejoignent le commandant Lange
(de l'infanterie de marine).

Les forces réunies sous la main de cet officier se
montent ainsi à six cent cinquante fusils et six
canons. La colonne se met en marche : au sortir du
village, l'ennemi, abrité derrière des murs de pierre,
la reçoit par un feu nourri. Les 26ᵉ et 27ᵉ compagnies tournent immédiatement la position des Chinois ; les marins donnent à la suite ; l'artillerie de
montagne, unissant ses feux à ceux de la *Vipère*,
achève la débandade des Célestiaux, qui filent vers
le nord de l'île, emportant leurs blessés, mais laissant un grand nombre de morts sur le terrain. A
huit cents mètres plus loin, établi sur un plateau
fortifié, un dernier groupe de Chinois bien armés
dirige sur nos troupes un feu dangereux. Les compagnies de la *Triomphante* et du *d'Estaing*, les 25ᵉ
et 27ᵉ compagnies d'infanterie de marine enlèvent
cette position avec un admirable entrain.

Le *Duchaffaut,* pour appuyer le mouvement de
l'infanterie, pénètre dans l'anse Makung. Se faisant
précéder par une baleinière qui sonde, il s'avance,
mouille, et au fur et à mesure que les sondes le lui
permettent, lève l'ancre, la laisse tomber de nouveau et peut ainsi, par enjambées de cent cinquante
à deux cents mètres, s'avancer jusqu'en face de
l'extrémité nord de la ville. Quant aux troupes,
après la halte du dîner, elles se remettent en marche
en se dirigeant sur Makung. L'artillerie fouille les
villages sur son parcours, mais la résistance est
brisée depuis le matin. La ville, les deux camps
retranchés qui en défendaient les approches, les
forts, tout est abandonné et évacué. A cinq heures
nous sommes maîtres de la position, et le soir, à

huit heures et demie, le *d'Estaing* appareille pour Hong-Kong avec les dépêches qui doivent annoncer à la France le dernier succès de l'escadre de l'Extrême-Orient.

Le lendemain 1ᵉʳ avril, quand les premières lueurs du jour commencent à poindre, les troupes pénètrent dans le fort Makung, où elles n'avaient pas eu le temps d'arriver la veille. Elles y plantent le pavillon français et les clairons sonnent au drapeau. Alors le *Bayard* fait un salut de vingt et un coups de canon et joue trois fois la *Marseillaise*. C'est un beau moment d'enthousiasme : les îles sont à nous, le pavillon tricolore flotte sur elles ; cette conquête si nécessaire et si utile a été faite sans grands sacrifices d'hommes, et tout l'honneur en revient au chef de l'escadre.

Lieutenant de vaisseau Loir, l'*Escadre de l'amiral Courbet*.

(Berger-Levraut, éditeur.)

APPENDICE

APPENDICE I

TRANSFORMATIONS DE LA MARINE

48. — NAVIRES A VAPEUR. — En 1707, le français **Papin** applique pour la première fois la machine à vapeur à la navigation.

En 1778, le marquis de **Jouffroy** construit un bateau à vapeur qui fonctionne sur la Saône.

En 1796, l'américain **Fulton**, inventeur d'un nouveau système, établit le premier service régulier de bateaux à vapeur.

En 1814, il construit une *frégate* à *vapeur*.

Papin.

En 1819, un vapeur américain traverse l'Atlantique en 24 jours (de Savannah à Liverpool).

En 1830, sept navires à vapeur font partie de l'escadre de l'amiral *Duperré* (*expédition d'Alger*).

Jusqu'ici, tous les bateaux étaient à roues.

En 1832, l'ingénieur français *Frédéric Sauvage*

invente l'hélice. Le premier bâtiment français à hélice fut le *Napoléon*, lancé en 1843.

Depuis, les perfectionnements n'ont pas cessé. Aujourd'hui on a des navires à deux et à trois hélices, sur chacune desquelles travaillent trois ou quatre cylindres; le tout est desservi par plusieurs douzaines de chaudières, et imprime à d'énormes navires des vitesses de dix-huit à vingt-cinq nœuds. Certains torpilleurs atteignent trente-cinq nœuds.

L'industrie française est tout à fait à la tête du progrès en ce qui concerne les chaudières.

49. — NAVIRES CUIRASSÉS. — 1854. Première apparition des navires cuirassés : trois batteries flottantes françaises au bombardement de *Kinburn*.

Fulton.

1860. Le célèbre ingénieur français **Dupuy de Lôme**, aidé et encouragé par le ministre de la marine **M. de Chasseloup-Laubat**, construit la frégate cuirassé **la Gloire**.

1862. Un cuirassé français, *la Normandie*, va de Cherbourg au Mexique. C'est la première fois qu'un cuirassé traverse l'Océan Atlantique.

Les cuirasses, d'abord en fer, se sont perfectionnées; on les a faites en acier, puis on a cherché à diminuer leur épaisseur, tout en conservant la même résistance, en soumettant le métal à des opérations spéciales.

Quant à la coque du navire, on la fait aujourd'hui en acier également; ce progrès est dû à *M. de Bussy*, ingénieur des constructions navales; le premier bateau en acier est le *Redoutable*.

50. — ARTILLE-RIE. — C'est vers 1855 que les *canons rayés* inventés par M. *Delvigne*, ingénieur français, ont fait leur apparition.

Ils remplacèrent dans la marine les anciens canons lisses, qui lançaient des boulets ronds dont le tir n'avait ni beaucoup de justesse, ni beaucoup de portée.

Dupuy de Lôme.

Vers 1860, le général *Treuille de Beaulieu* invente le chargement par la *culasse*, avec la fermeture à vis connue de tous les marins.

Vers 1885, les *poudres sans fumée* apparaissent, et à peu près à la même époque, on commence à construire des *canons à tir rapide* de fort calibre (100, 138.6, 164.7).

L'artillerie française est une des meilleures du monde. Les canons *Canet*, en particulier, sont très répandus dans toutes les marines.

APPENDICE II

RÉSUMÉ CHRONOLOGIQUE DES GRANDES DÉCOUVERTES

(Carte A).

51. — Jusque vers l'année 1400, les navigateurs européens ne connaissaient presque rien en dehors des côtes de l'Europe et de la Méditerranée. Voici les dates les plus importantes de l'histoire des découvertes et explorations.

1431. Les Portugais découvrent les *Açores*.

1450. Les Portugais découvrent le *Cap-Vert*.

1486. Les Portugais découvrent le *Cap de Bonne-Espérance*.

1492. **Christophe Colomb**, gênois, à la solde de l'Espagne, découvre les *Antilles* et **l'Amérique**.

1497. Les Anglais découvrent *Terre-Neuve*.

1500. **Vasco de Gama**, portugais, double pour la première fois le Cap de Bonne-Espérance, découvre *Madagascar* et *les Indes*.

1507. Les Portugais découvrent *l'Australie*.

1518. *Fernand Cortez*, espagnol, conquiert le *Mexique*.

1519-1522. Premier *tour du monde*, par le portugais **Magellan**.

1531. *Jacques Cartier*, de Saint-Malo, découvre le *Canada*.

1604. *Samuel Champlain*, du Havre, organise cette colonie.

1607. Les Hollandais s'établissent à *Java*, Ma-

lacca, Sumatra. Les Anglais commencent à coloniser l'*Amérique du Nord* (1).

1639. Les Anglais s'établissent à *Madras* (*Indes*).

1642. *Tasman*, hollandais, explore l'Australie.

1649. La France occupe l'île *Bourbon* (aujourd'hui *la Réunion*).

1685. *Forbin* est envoyé en mission au *Siam*.

1766-1769. Voyage de *Bougainville* autour du monde.

1769. L'Anglais *James Cook* commence une longue série de voyages, principalement dans le Pacifique.

1785-1788. Voyage de *Lapérouse* dans le Pacifique.

1791. Voyage de *d'Entrecasteaux* à la recherche de Lapérouse.

1819-1847. L'Anglais *Franklin* fait d'importants voyages vers le *pôle Nord*, et disparait au cours de l'un d'eux. On resta longtemps sans savoir ce qu'il était devenu, et de nombreuses expéditions furent entreprises pour retrouver sa trace. On eut enfin la preuve de sa mort.

1826-1829. Voyage de *Dumont d'Urville* en Océanie.

1837-1840. Second voyage de *Dumont d'Urville*, qui découvre plusieurs terres polaires au Sud de l'Amérique et de l'Australie.

1853. Le contre-amiral *Febvrier-Despointes* prend possession de la *Nouvelle-Calédonie* au nom de Napoléon III.

1853. L'explorateur anglais *Mac-Clure* trouve un passage entre l'Amérique et le Groenland.

---

(1) Ce sont ces colonies qui, révoltées en 1776, formèrent la République des États-Unis.

1866-1868. *Francis Garnier* et le commandant *Doudart de Lagrée* explorent le *Mékong*.

Vers le milieu du siècle. l'Afrique, dont l'intérieur était encore complétement inconnu, est visitée par les célèbres explorateurs anglais **Livingstone** et **Stanley**.

1850-1869. Percement du canal de Suez par un ingénieur français, **M. de Lesseps**.

1878. *Nordenskiold*, suédois, va d'Europe en Asie par l'Océan Glacial Arctique.

1893-1896. *Nansen*, norvégien, traverse l'Océan glacial Arctique en se laissant dériver avec les glaces. Il s'approche très près du pôle.

Enfin, dans ces trente dernières années, de nombreux et vaillants explorateurs ont traversé en tous sens les vastes régions africaines :

Lieutenants de vaisseau *de Brazza*, *Mizon*, *Hourst* ; capitaine *Binger*, commandant *Monteil*, commandant **Marchand**.

Ce dernier, dans un superbe voyage de trois ans, a traversé le continent africain du *Gabon* à la *mer Rouge* (1896-1899).

APPENDICE III

INDEX ALPHABÉTIQUE

DES

NOMS DES BATIMENTS DE LA FLOTTE

(Les numéros renvoient aux paragraphes à consulter).

Catinat, maréchal de France, 5.

Cécille, vice-amiral né en 1787, mort en 1860; rendit de grands services à l'influence française en Chine.

Challier, lieutenant de vaisseau tué au Tonkin, 1883.

Chanzy, général, 42.

Charlemagne, empereur d'Occident, régnait sur la France, et une partie de l'Allemagne. Grand homme de guerre, grand législateur. Mort en 814.

Charles Martel, célèbre guerrier français, grand-père de Charlemagne.

Chasseloup-Laubat, ministre de la marine, 49. Un autre fut général sous Napoléon Ier.

Château-Renault, amiral sous Louis XIV, 5, 6.

Coëtlogon, amiral sous Louis XIV, 5, 7.

Colbert, ministre de Louis XIV, 2.

Condé, vaillant général sous Louis XIV, 3.

Cosmao, c.-amiral, mort en 1825. Se distingua à Trafalgar.

Courbet, vice-amiral, 44, lectures 13, 14 et 16.

D'Assas, capitaine au régiment d'Auvergne; en 1760, se dévoua pour sauver son régiment attaqué de nuit par les Prussiens.

Davout, maréchal de France sous Napoléon Ier.

De Gueydon, vice-amiral et gouverneur de colonie.

Dehorter, lieutenant de vaisseau tué à Tamsui, comme commandant de la compagnie de débarquement de la *Triomphante*, 1884.

D'Entrecasteaux, amiral et navigateur, 15, 51.

Déroulède, sous-officier qui faisait partie de la mission de Doudart-de-Lagrée; tué en essayant de sauver la vie à son chef.

Desaix, général sous la première République, tué à la bataille de Marengo.

Descartes, célèbre mathématicien français, mort en 1650.

D'Estaing, amiral, 13.

D'Estrées, maréchal de France, 3.

D'Iberville, corsaire, 7.

Doudart de Lagrée, officier de marine et explorateur, 51.

Dubourdieu, vice-amiral.

Duchaffault, brillant officier général de la marine française, se distingua sous Louis XV et Louis XVI.

Duchayla, amiral, lect. 4.

Du Couédic, commandant de la *Surveillante*, 12, lecture 3.

Duguay-Trouin, corsaire, 7.

Duguesclin, vaillant guerrier breton, surnommé la fleur de la chevalerie, combattit avec succès les Anglais pendant la guerre de Cent ans. Mort en 1380.

Dumont-d'Urville, amiral et navigateur, 29, 51.

Dunois, brave guerrier français, compagnon de Jeanne d'Arc, mort en 1468.

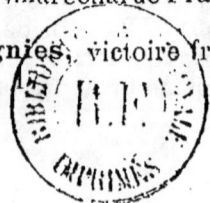

TABLE DES MATIÈRES

LECTURES

CARTES

Paris. — Imp. G. Maurin, rue de Rennes, 71.

CARTES

CARTE A
PLANISPHÈRE

Islande

NORVÈGE

ÉCOSSE

IRLANDE   MER DU NORD   DANEMARK

ÎLES BRITANNIQUES

ANGLETERRE
Londres   HOLLANDE

MANCHE   ALLEMAGNE
Cherbourg   Leipzig
Ouessant   Brest   Paris   Iena   Austerlitz
Lorient
Quiberon
S.Nazaire
L.d'Aix
les Sables d'Olonne
Cap Finistère   Rochefort   FRANCE   SUISSE   Vienne
le Ferrot   Bordeaux   Lyon
Vigo   Magenta
Midah
Toulouse   Marengo   BOS

Lisbonne   Tage F.
PORTUGAL   Toulon   Corse
ESPAGNE
Lagos   ITALIE
Cadix   Sardaigne
Dét. de Gibraltar   Trafalgar   MER
Tanger   Sicile   MÉDI
MAROC   ALGÉRIE
Mogador   TUNISIE

A   F   R   I   Q   U   E

OCÉAN ATLANTIQUE

CARTE B
EUROPE

Kronstadt
S! Pétersbourg

E M P I R E
°Moscou

Friedland

R U S S E

CHE
Kinburn
CRIMÉE
ROUMANIE
Sébastopol   Alma
MER   NOIRE

BIE
URQUIE

ASIE

ÈCE

RRANÉE

EGYPTE

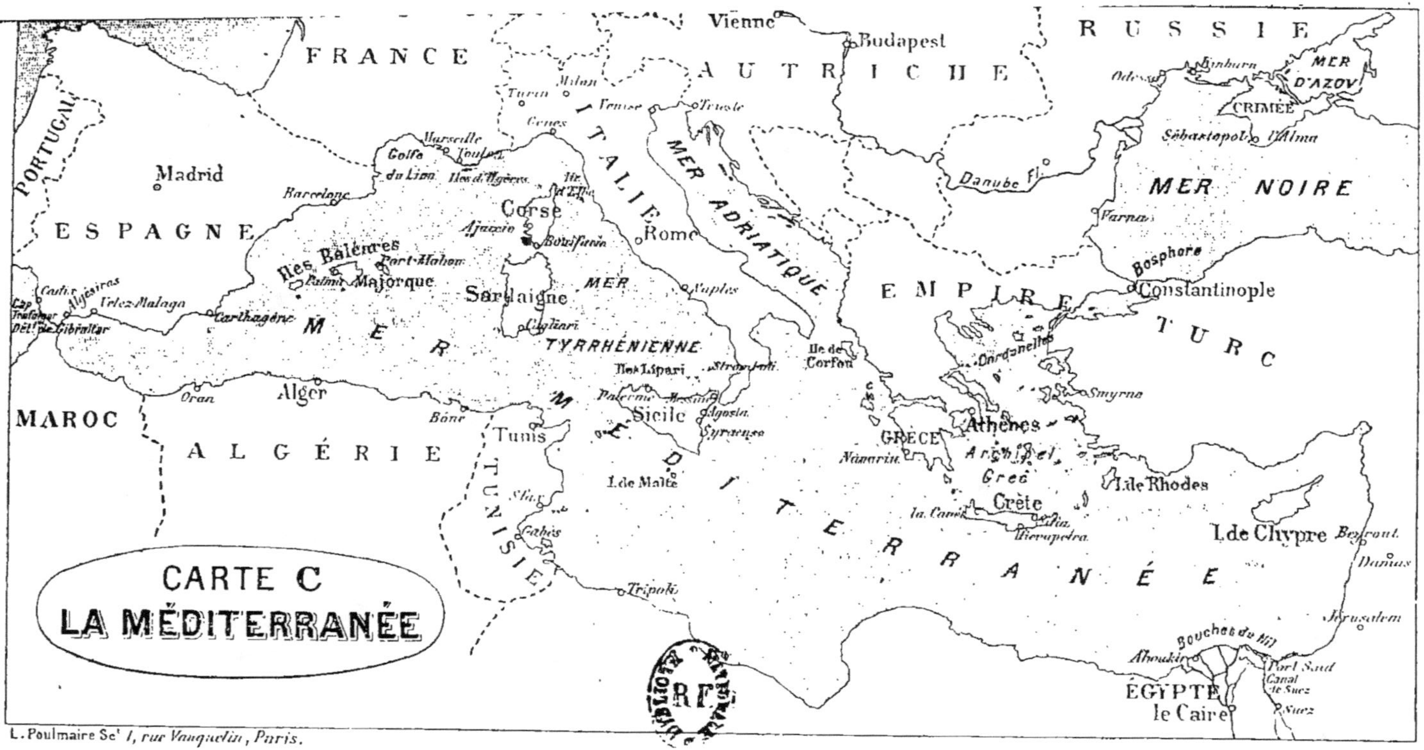

CARTE C
LA MÉDITERRANÉE

PORTUGAL
ESPAGNE
FRANCE
AUTRICHE
RUSSIE
ITALIE
EMPIRE TURC
MAROC
ALGÉRIE
TUNISIE
ÉGYPTE
GRÈCE

MER NOIRE
MER D'AZOV
MER ADRIATIQUE
MER TYRRHÉNIENNE
MER MÉDITERRANÉE

Madrid
Barcelone
Marseille
Vienne
Budapest
Milan
Turin
Gênes
Rome
Constantinople
Athènes
Smyrne
le Caire
Jérusalem
Tunis
Alger
Oran
Tripoli
Corse
Sardaigne
Sicile
Crète
I. de Chypre
I. de Rhodes
Baléares
Majorque
Bosphore
Danube
Gibraltar

L. Poulmaire Se¹ l, rue Vauquelin, Paris.

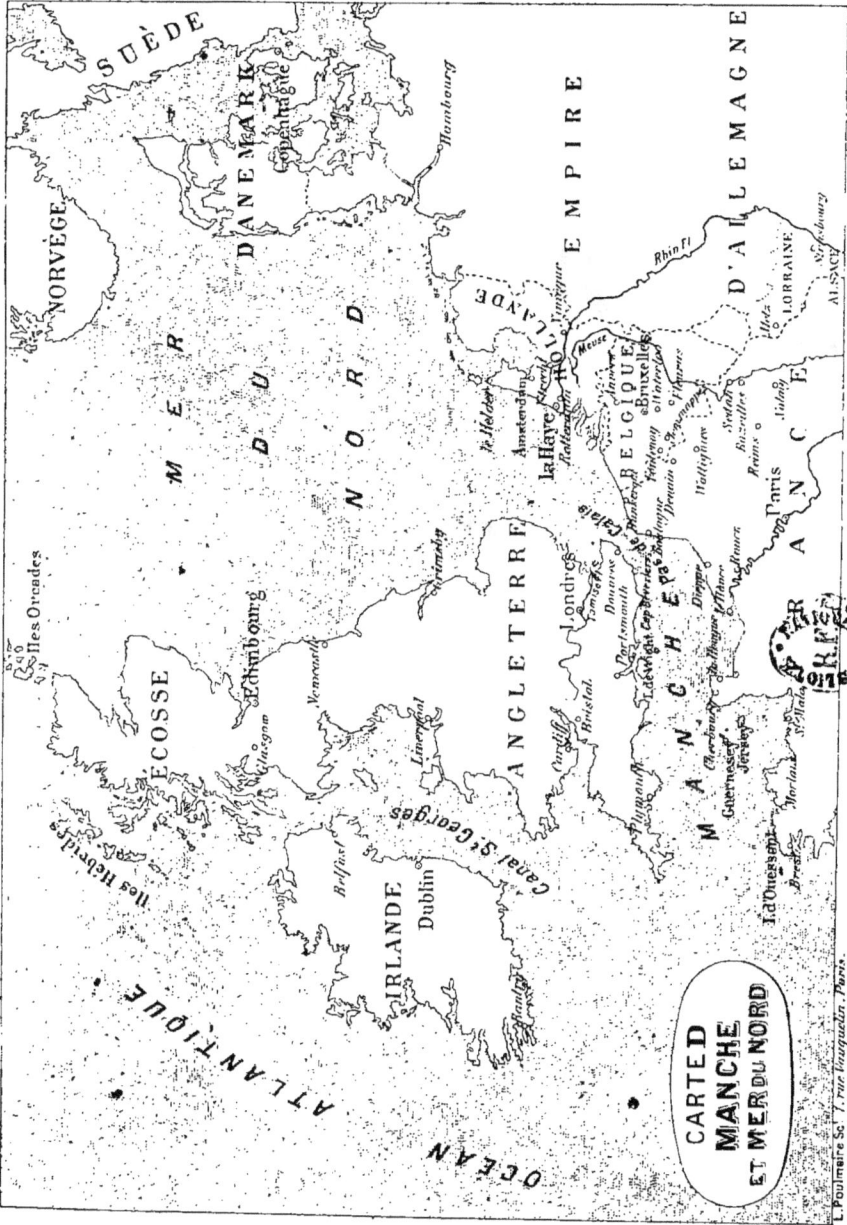

CARTE D
MANCHE
ET MER DU NORD

L. Poulmaire Sc. 7, rue Vauquelin, Paris.

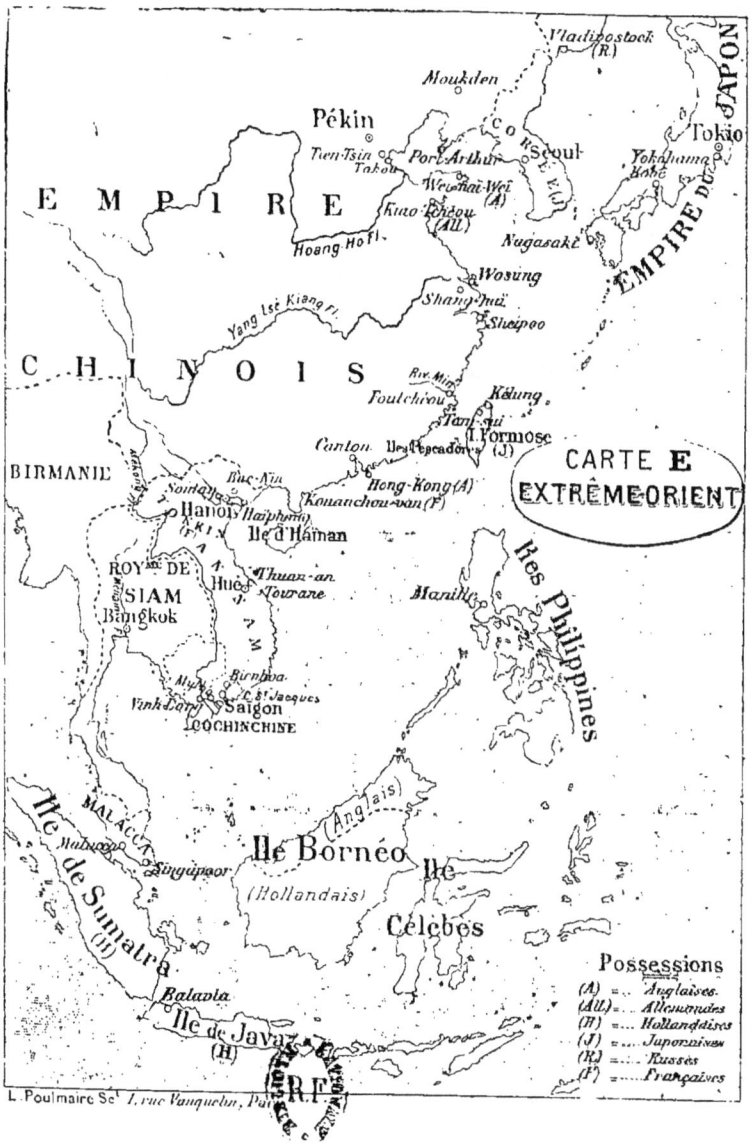

CARTE E
EXTRÊMEORIENT

EMPIRE CHINOIS

EMPIRE DU JAPON

Vladivostock (R.)

Moukden

Pékin
Tien-Tsin
Takou
Port-Arthur
Séoul
Wei-Haï-Wei (A)
Kiao-Tchéou (All.)
Hoang-Ho Fl.
Tokio
Yokohama
Hobé
Nagasaki

Wosung
Shang-haï
Sheïpoo

Yang-Tsé-Kiang Fl.

Riv. Min
Foutchéou
Tam-sui
Canton
Pescadores
Kélung
I. Formose (J)

BIRMANIE
Buc-Nin
Sontay
Hanoï
Haïphong
Ile d'Haïnan
Hong-Kong (A)
Kouanchou-van (F)

ROYᵐᵉ DE
SIAM
Bangkok
Hué
Thuan-an
Tourane

Manille
Iles Philippines

Mytho
Birnhoa
C. St Jacques
Vinh-Long
Saïgon
COCHINCHINE

MALACCA
(Anglais)
Ile Bornéo
(Hollandais)
Mabang
Singapoor
Ile
Célèbes

Ile de Sumatra (H)

Batavia
Ile de Java (H)

R.F.

Possessions
(A) = ... Anglaises.
(All.) = ... Allemandes
(H) = ... Hollandaises
(J) = ... Japonaises
(R.) = ... Russes
(F) = ... Françaises

L. Poulmaire Scᵗ 7, rue Vauquelin, Paris

CARTE F
AMÉRIQUE DU NORD
MER DES ANTILLES

Groenland

BAIE DE HUDSON

LABRADOR

St Laurent Fl.

TERRE-NEUVE
St Jean (Ang.)
Ile Miquelon (Fr.)
I. St Pierre (Fr.)

CANADA (Ang.)

Québec
Montréal
Halifax

OCÉAN

New-York
Philadelphie
Washington

ÉTATS-UNIS

D'AMÉRIQUE

C. Hatteras

Mississipi Fl.

Savannah

ATLANTIQUE

Nouvelle Orléans

Iles Bahama

GOLFE DU MEXIQUE

la Havane

CUBA
Santiago

HAITI
St Domingue

Porto-Rico

la Guadeloupe (Fr.)
les Saintes
la Martinique (Fr.)

LES ANTILLES

la Jamaïque (Ang.)

la Grenade (Ang.)
la Trinité

Cayenne

GUYANES
ANGLSE HOLLSE FRSE

MEXIQUE

Mexico
Véra-Cruz
Puebla

AMÉRIQUE CENe

Isthme de Panama

Colon
Panama

VÉNÉZUÉLA

RÉPUBQUE
DE COLOMBIE

BRÉSIL

L. Poulmaire Sc. 1, rue Vauquelin, Paris.

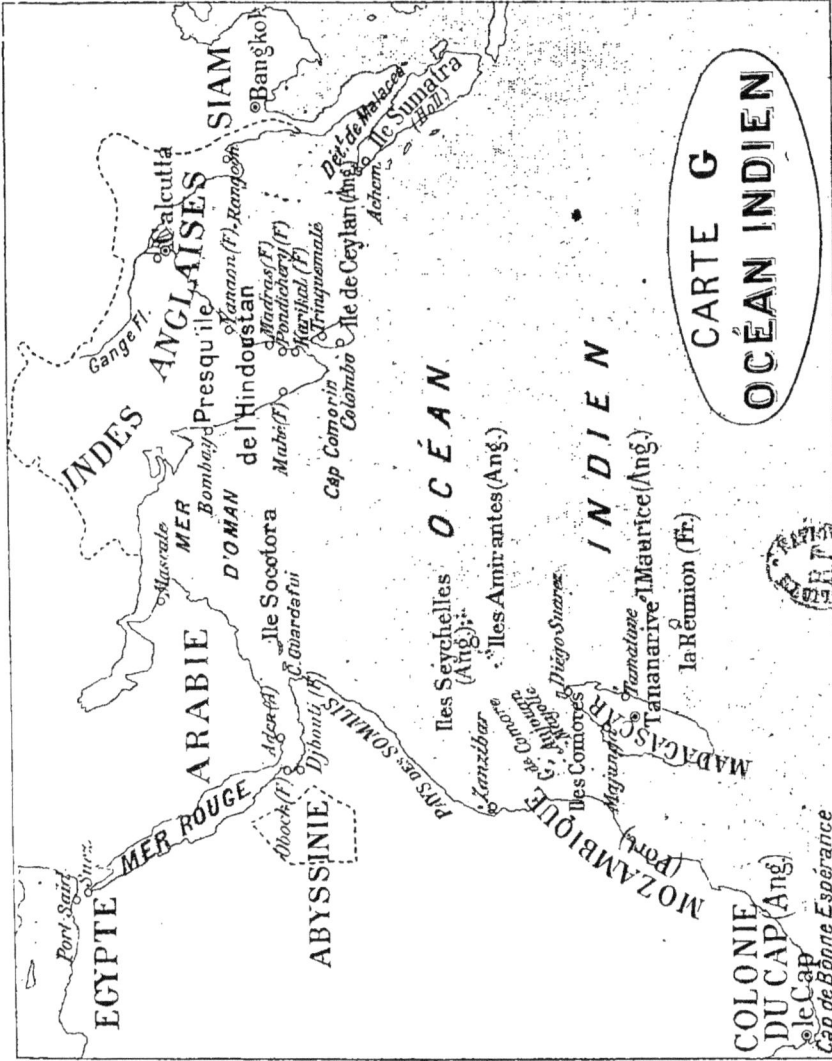

CARTE G
OCÉAN INDIEN

SIAM

Bangkok

INDES ANGLAISES

Calcutta

Gange Fl.

Yanaon (F.) Rangoon

Madras (F.)
Pondichéry (F.)
Karikal (F.)
Trinquemalé

Bombay Presqu'île

de l'Hindoustan

Mahé (F.)

Dét. de Malacca

Ile Sumatra (Holl.)

Achem.

Cap Comorin
Colombo
Ile de Ceylan (Ang.)

OCÉAN

MER D'OMAN

Mascate

ARABIE

Ile Socotora

C. Guardafui

INDIEN

Iles Seychelles (Ang.)

Iles Amirantes (Ang.)

MER ROUGE

Aden (F.)

Djibouti (F.)

PAYS DES SOMALIS

Zanzibar

Iles Comores
de Comore
Anjouan
G. Mohéli

Diego Suarez

Majunga

Tamatave
Tananarive
MADAGASCAR

Ile Maurice (Ang.)

la Réunion (Fr.)

EGYPTE

Port Saïd
Suez

ABYSSINIE
Obock (F.)

MOZAMBIQUE
(Port.)

COLONIE
DU CAP (Ang.)
le Cap
Cap de Bonne Espérance

L. Poulmaire Sc. 7, rue Vauquelin, Paris.